「一凶禁断」の師子吼

創価・公明のペルソナを剥ぐ

有川 靖夫
Arikawa Yasuo

風詠社

「一凶禁断」の師子吼

創価・公明のペルソナを剥ぐ　目次

プロローグ　9

第一部（インタビュー）
日蓮の『立正安国論』の精髄
――「神天上の法門」と「一凶禁断」……13
・災難が起こる根本原因を悟った日蓮　14
・日蓮の「神天上の法門」ってなあ～に？　15
・正法とは、悪法とは？　18
・仏教では神を諸天善神と呼びます　20
・諸天善神と聖人が去ってしまう理由とは　22
・魔とか鬼って何のこと？　25
・人々が悪法に帰すと何が起こるの？　26
・「神天上の法門」恐るべし！　29
・釈迦の予言は日蓮が身をもって証明　31

・日蓮の予言は悉く的中している！　34
・〝一凶〟は時代によって変わります　37
・「一凶禁断」の叫びは命懸けの師子吼！　38
・「一凶禁断」には主師親の三徳が秘められている　39
・法然の行状から現代の一凶が見えてくる　41
・仏説に無い事を説く法然　42
・現代の一凶が確定しました！　43

第二部（対談）

創価学会の〝黒歴史〟
――一凶を裏付けるこれだけの証拠……47
・牧口・戸田・池田三代会長の過去発言　48
・池田豹変のキッカケは正本堂建立か　50
・昭和五十二年路線の教義逸脱　52

・御本尊模刻事件の発覚！ 53
・池田〝お詫び登山〟後に会長辞任 55
・池田、猊下を批判し信徒除名 56
・本門戒壇の大御本尊を「物です」と発言 58
・会則の本尊規定で迷走する学会 60
・遂に本門戒壇の大御本尊を否定！ 61
・ニセ本尊の製造販売に走る 62
・古参幹部の死亡公表の怪（？） 64

第三部（インタビュー）
『新・折伏教典』——六師外道の邪義を広めた池田大作の「宇宙法界論」 …… 69
・池田大作の妙法観 70
・六師外道義とは何か 73

教典・1　宇宙の根源とは一体どこを指すのか?　77
教典・2　「宇宙根源実在法」では人法一箇の妙法を否定することになる。　80
教典・3　覚知法（悟り）の妙法は、科学者の発見の対象にはなり得ない。　83
教典・4　仏法は「一心法界」を説くが「宇宙法界」は説かない。　86
教典・5　御本尊以外の宇宙のリズムに合致するとは何事か!　89
教典・6　「内外一致の妙法」を説くことは天下第一の「逆上法門」　92
教典・7　無念の妙法、非念の妙法では一念三千にはならない。　96
教典・8　空仮中の三諦を否定する大謗法。　100
教典・9　仏法の肝は宇宙論ではなく、身口意の三業を磨く「人の振舞い」。　105
教典・10　仏法に逆行する「足し算の信心」を辞め、六師外道義を葬る「引き算の信心」に立ち戻れ!　110
教典・11　「仏法は勝負」の意味をはき違えた学会女性部の危険な祈り。　115

第四部（対談）

公明党＝創価学会のペルソナを剥ぐ……119
一、天下取りの野望と総体革命　120
二、知って呆れる学会主導の選挙活動　127
三、公明党にハイジャックされた国土交通省　132
四、耐震偽装事件――もう一つの見方　139
五、公明党が財務副大臣ポストを手放さない理由　154
六、公明党の署名活動が必ず実現する呆れたカラクリ　161
七、誰も知らない安倍総理誕生の秘話　164

第五部
真夏の夜の夢
――果たして正夢となるのか……171
最高幹部六人の秘密会議　172
会主のXデー発表と会主の直筆本尊公表の時期について　173
エピローグ　177

装幀　2DAY

プロローグ

私は、世界平和を実現できる宗教は、日蓮大聖人の教え以外には無いと確信している。弘安二年（１２７９）十月十二日、日蓮大聖人は身延山中において、御自身の出世の本懐として、全ての人々が金剛不壊の幸福境涯を築くことが出来る本門戒壇の大御本尊を建立された。

それは、大聖人が末法の御本仏として己心に所持された、南無妙法蓮華経という人法一箇の仏の魂を、墨に染め流して認《したた》められた一幅の大曼荼羅である。

そして大聖人は、何はともあれ、一日も早く、世界中の人々がこの大御本尊を参拝できるよう広宣流布を成し遂げること、そしてその暁には、富士山の景勝の地に、国民総意による民衆立の戒壇を建立するよう、後世の弟子・檀那に御遺命された。

この大御本尊は長期保存のため、大聖人の命により楠木製の板本尊とされたのちに、二祖・日興上人に受け継がれ、以後、今日に至るまで富士大石寺を総本山とする日蓮正宗の歴代の猊下が、嫡統連綿として厳護してこられたのである。

私がこの大御本尊の素晴らしさについて、初めて知らされたのは中学三年の時だった。当時、私は人生如何に生きるべきかを真剣に考えていたので、それに正面から答えてくれた創価学会幹部の話には興味津々だった。およそ一か月にわたって様々な角度から質疑を交わしてきたが、最終的には学会発行の「折伏教典」を読み終えたときに腹が決まり、あとは実際に自分が体験して確かめるしかないと思い、昭和三十四年（１９５９）一月五日、創価学会に入会した。

その際、不思議なことに、学会への入会手続きだけではなく、地元・日蓮正宗「正命寺」の信徒になる手続きも必要と言われ、お寺に行って手続きを済ませた後、本堂において御住職のリードで御授戒の儀式を済ませ、晴れて日蓮正宗の御本尊を戴き、総本山大石寺の本門戒壇の大御本尊のお目通りが叶うようになれた。

後日知ったのだが、創価学会は宗教法人設立に際し、昭和二十六年（１９５１）十二月十八日付けで、三ケ条の遵守を宗門に約束しているとのこと。その内容は

①　折伏した人は信徒として各寺院に所属させること。
②　当山（日蓮正宗）の教義を守ること。
③　三宝（仏、宝、僧）を守ること。

これで分かったことは、創価学会とは、日蓮正宗に数多くある講の一つとして、三つの条件を遵守することによって、宗教法人の資格を得、独自の活動が認められたということ。いわば、日蓮正宗の派生団体として存立が可能となった宗教法人であるということだった。

日蓮正宗は、この三条件が守れないのであれば、学会員に神聖な御本尊下付はできないとの意思表示を明確にされたわけで、私は将来を見据えた、真にもって正しい適切な措置であったと感服せずにおれない。

案の定と言ってもいいかもしれない。この約束事が交わされてから二十三年後、日蓮正宗第六十六世御法主日達上人猊下は「日蓮大聖人の教義でないものが一閻浮提に広がっても、それは広宣流布とは言えないのであります」（達全）との訓諭を発表した。その背景には何があったのか。言うまでもなく、学会が猊下を誹謗したり、御本尊を模刻したり、ペンダント式のお守り本尊を販売するなど、本山の許可なく勝手なことを連発する暴走ぶりに釘を刺されたのである。

そもそも、大石寺の御開山二祖日興上人は、二十六ケ条の「日興遺誡置文」の第一条で「富士の立義聊も先師の御弘通に違せざる事」と記し、〝富士の清流〟を断固として守り抜くことを遺誡されている。

故に、謗法を犯した学会には宗祖日蓮大聖人の正義はなく、どんなに巨大な教団となって世界中に会員を増やしたとしても、それは元品の無明の会員の集まりでしかなく、広宣流布とは言えないということを肝に銘ずるべきだ。

結果的に学会は、宗門の諫めを無視したため、最高幹部の池田大作名誉会長は信徒除名に付され、学会自体も日蓮正宗に破門された。

　しかし、事はこれで一件落着とはいかない。なぜなら、学会は機会あるごとに、大恩のある日蓮正宗を邪宗門と罵り、しつこく非難中傷を繰り返しているからである。

　日蓮大聖人は「立正安国論」において、「如かず彼の万祈を修せんよりは此の一凶を禁ぜんには」と述べて、三災七難を招く法然の浄土宗を「一凶」と断じ、悪法の垂れ流しを禁止せよと、時の幕府の最高権力者に諫言されたのである。

　しからば現代における「一凶」とは何か。いつの世にあっても、これを特定し、隠された正体を明らかにすることは、日蓮門下の使命であり、本書出版の大目的である。

　宗教、就中、仏教の神髄に触れる機会が無かった人にも、なんとか理解を深めていただきたいと思い、対話形式で論を進めた。相方を快諾してくれたコラム研究家・澤登清志氏には厚く御礼申し上げたい。

　さらに、本書は私の自主出版とはいえ、政権与党入りした創価・公明を厳しく追及しているにもかかわらず、出版社として、世に出す決断をしていただいた風詠社の大杉社長様には、心より感謝申し上げたい。

令和五年（２０２４）一月一日（元旦）
有川靖夫

第一部（インタビュー）

日蓮の『立正安国論』の精髄

――「神天上の法門」と「一凶禁断」

・災難が起こる根本原因を悟った日蓮

澤登　六十数年間にわたり日蓮大聖人の仏法を研鑽されてこられた大先輩の有川さんに、日蓮大聖人の「立正安国論」の精髄である「神天上の法門」について、インタビューをさせていただきたいと思います。

有川　世界平和を希求する者として、人類を脅かす大地震や戦争等の天災・人災にどう立ち向かうかは、絶対に避けて通ることはできない喫緊の重要課題であると思います。

このテーマは、自然科学、気象学、地震学、土木工学、経済学、政治家といった個々の優れた学者・専門家の手によって、原因が科学的に解明され、そのうえで対策が講じられていく問題であると思う。

しかし、私が問題視しているのは、災難や戦争が起こる原因のそのまた奥にある究極の原因は何か、という根本原因についてなのです。

澤登　なるほど。例えば、大雨が降って土石流が起きて家屋が流され、多くの死者が出た場合、なぜこのような災難が起きたのかを考えると、直接の原因は大雨が降ったこと。さらに森林の伐採等で土石流が起きやすい地域であったこと。しかも、危険が警告されていたにもかかわらず、行政が対応してこなかった、等々、表面的かつ直接的原因は種種考えられますが、そのまた奥の根本原因にまで思いを巡らせる必要があるということですね。

有川　その通りです。

日蓮大聖人は有名な国家諫暁の書「立正安国論」の冒頭で当時の国情を次のように述べています。

「近年より近日に至るまで、天変・地夭・飢饉・疫癘、遍《あまね》く天下に満ち広く地上にはびこる。牛馬巷《ちまた》にたおれ骸骨路《みち》に充てり。死を招くの輩《ともがら》既に大半を超え、之を悲しまざるの族《やから》敢て一人も無し」と。

大聖人は、このような地獄絵図そのもののような災難を日本にもたらす根本原因は何なのかを悟ったうえで、どうすれば寂光の宝土に変えることが出来るのか、を示した国家諫暁の書「立正安国論」を、時の最高権力者・北条時頼に上奏されました。

・日蓮の「神天上の法門」ってなあ〜に？

この「立正安国論」の精髄が、有名な「神天上の法門」と言われる箇所ですが、よくご存じですよね。

澤登　暗記しています。

「世皆正に背き人悉く悪に帰す、故に善神は国を捨てて相去り聖人は所を辞して還りたまわず、これを以て魔来り鬼来り災起り難起る、言わずんばある可からず恐れずんばある可からず」ですね。

有川　この御金言を書き下し文に致しますと、次のようになるのではないでしょうか。「世の中の上下万民はあげて正法に背き、人々は皆悪法に帰している。それゆえ、守護すべき善神はことごとく国を捨てて去ってしまい、聖人は所を辞して他の所に行ったまま帰ってこない。それ故に善神・聖人にかわって魔人・鬼人が来て、災いが起こり、難が起こるのである。実にこのことは、声を大にして言わなければならないことであり、恐れなくてはならない事である」と。

澤登　これはまさに、末法の御本仏として諸法の実相を知見されたうえで述べておられる悟りの法門ですね。

有川　これは日蓮大聖人にしか分からない法理を示されたものです。「此れを知れる者は但日蓮一人なり」**（開目抄）**とあります。

この「神天上の法門」は、大聖人の仏眼を以て智見された結論ですから、一般衆生は言うまでもなく、たとえ大学者といえども所詮は声聞・縁覚の二乗界の人物であり、未だ悟りを得ない修行の身ですから、信伏随従して学ぶべき法門なのです。

案の定、後世の学者らの見解は、各種情報を分析してこそ予言できるのであって、その現実的根拠が示されていないと批判している。しかし、分析から導かれるものは予測であって予言ではない。例えば外務省の分析官が、ウクライナとロシアの戦争が今後どうなるかについて、情勢を分析して予測しても、誰もこれを予言とは言わない。

大聖人は「委細に三世（過去・現在・未来）を知るを聖人と云ふ」と言われていますが、「神天上の法門」こそ、三世を知る大聖人の予言なのです。

しかし、この大聖人の師子吼・大警告を、どれだけの人々が実感を持って理解しているかを思うとき、文上だけの上滑りの解釈で済ましている人があまりにも多いことに残念でなりません。

確かに一読するとこの御金言には、現代人にはあまり馴染みのない善神とか魔・鬼人とかが登場し、正法、悪法との関係を述べていて、おとぎ話のような非現実的な話と見て、深く考えない人が多いのではないかと思う。

しかし、この「神天上の法門」は、おとぎ話でも神話でもないのです。三災七難が起こる根本原因を説いたということは、即、人類の平和に繋がる、最高のソリューションを説いているのです。

昨今の国際情勢を見るとき、アメリカを敵視するロシア、中国、北朝鮮の動き次第では、日本はいつ戦争に巻き込まれてもおかしくない危険な状態にあることを警戒しなければなりませんし、線上降水帯の多発による風水雹被害も深刻な問題です。故に、今こそ日蓮大聖人のこの法門に、真摯に向き合う必要があると思うのです。

澤登　同感です。

・正法とは、悪法とは？

有川　そこで第一には、冒頭に「正」と「悪」との言葉があるように、正法と悪法をハッキリさせることが基本だと思います。

正法とは、一応は釈迦の究極の経典である法華経を指しますが、再応には釈尊滅後二千年を経た末法の時代には、自身の教えは効力を失うとともに、新たな法華経の行者が出現することが予言されていますから、日蓮大聖人の仏法を指していることは明らかです。

その大聖人は「今、末法に入りぬれば余経も法華経もせんなし。但南無妙法蓮華経なるべし」(**上野殿御返事**)と御教示され、弘安二年十月十二日に、出世の本懐として本門戒壇の南無妙法蓮華経の大御本尊を建立されたわけですから、この大御本尊が末法の時代の正法となります。

悪とは悪法、即ち、正法以外の全ての宗教は大なり小なり悪法になります。

第二に、国中の人々が正法に背き悪法に帰すと、なぜ善神は国を捨て去ってしまうのか、という問題があります。その前に、「善神」とは何か、を明らかにせねばなりませんね。

澤登　おっしゃる通りです。

有川　神の種類は大きく分けて三つあると思います。

一つは天地創造の神です。キリスト教のゴッド、ユダヤ教のアラー、日本では天理教の天理王命、金光教の天地金之神などです。

しかし、これらの神について私は、伝道者にとことん質問して聞いたことがありますが、いずれも皆、因果の理法を無視した非科学的で曖昧な想像の産物でしかない神話としか思えませんでした。

また、キリスト教の神話的な面を否定しつつも、人知が及ばない法があると考え、それを絶対的な神の意志として発展したデカルト、スピノザ、ヘーゲル等の観念論もこれに類似していると思います。

二つ目は、生前、功績のあった人物を敬い、死後、名を遺そうと神社の御神体とした氏神です。

バラモン教の梵天・帝釈、ゾロアスター教のアフラ・マツダ、日本では、天皇家の先祖神の天照大神、出雲氏族の先祖神・大国主命、応神天皇が祀られた八幡神社、乃木大将・東郷元帥・明治天皇等も神として祀られている。

功績のあった先祖に感謝し敬うことは道徳的に好ましいことかもしれませんが、万能ではありませんから、神にまで昇格させることには無理があります。

・仏教では神を諸天善神と呼びます

三つ目は、仏教で説く「諸天善神」のことで、この神は、正法である法華経の行者を守護する神々で、梵天・帝釈、八幡大菩薩、天照大神、四大天王、日天、月天等々を指し、数が多いことから諸天善神といいます。

法華経安楽行品には「諸天昼夜に、常に法の為の故に、而も之を衛護す」とあります。

大聖人は**「治病大小権実違目」**の御書で次のように述べておられます。

「善と悪とは無始よりの左右の法なり……法華宗の心は一念三千・性悪性善・妙覚の位に猶備われり元品の法性は梵天・帝釈と顕われ元品の無明は第六天の魔王と顕われたり」と。

この御文は、善と悪とは元来、表裏一体のもので、善となるか悪となるかは、大聖人の南無妙法蓮華経の大御本尊に根本的な悟り（信）があれば正（法）となり、梵天・帝釈の善神が守護の働きをする。反対に根本的な迷い（不信）があれば悪（法）となり、第六天の魔王が働き災難をもたらす、との意であります。

これでお分かりかと思いますが、仏教で説く諸天善神は信仰の対象ではないということです。ですから大聖人の本当の教えを信じ、正しい御本尊に南無妙法蓮華経と題目を唱えれば、わが身の仏心が呼び起こされ、仏の智慧が働いてくるという現実の変化が起こり、そこに災害からわが身を守る梵天・帝釈等のあらゆる諸天善神の働きがあって、一切の災難から守られる、と言う原理なのです。

より具体的にいいますと、大聖人は南無妙法蓮華経の「功徳とは六根清浄なり」（**御義口伝**）と述べております。六根とは眼根・耳根・鼻根・舌根・身根・意根の事です。例えば眼根が浄化されますと眼識の正常な機能が高まり、前方の危険物の襲来を素早くキャッチし、機敏に体を躱すことができるようになります。同様に耳・鼻・舌・身・心等のアンテナの浄化は、あらゆる災難から身を守る対応ができるようになる。こうした現実に起こる動きを諸天善神の働きと言っているわけです。つまり、諸天善神というのは、絵に描かれたようなものが実在しているのではなく、目には見えない作用の概念を指し、元来、各人が己身に持っているものなのです。

さらに、諸天善神の働きを有した人間（正報）と、その人間を取り巻く周囲の環境（依報）について考察するならば、報とは正報の報も依報の報も共に過去の行為の因果による必然の報いとの意であり、両者は二にして二ではない而二不二の関係にあり、これを仏法では依正不二と言っております。大聖人は

「夫十方は依報なり・衆生は正報なり譬へば依報は影のごとし正報は体のごとし・身なくば影なし正報なくば依報なし・又正報をば依報をもって此れをつくる」（瑞相御書）と明言されています。この文の心を敷衍して考察するならば、良しにつけ悪しきにつけ、人間の一念が環境を変えることができるということ。逆に環境（依報）というものはそこに住む人々（正報）のレベルが投影されているのであって、それ以上でも以下でもないということ。

ですから、諸天善神の働きがある人間集団が住む地域の環境は、仏智に満たされた人間共和の楽土社会が築かれていくわけです。かたや悪鬼魔人が住み着く人間集団の国には、諸天善神が不在となるので災難が起こるわけです。

・諸天善神と聖人が去ってしまう理由とは

澤登　次に、第二の初めの問題に戻りますが、人々が皆、悪法に帰すと、なぜ諸天善神は

国を捨て去ってしまうのでしょうか。

有川　そもそも諸天善神の威力は、大聖人の信徒が正しい御本尊に南無妙法蓮華経と唱える音声を法味として食することによって支えられているのです。故に、国中の万民が悪法に帰した場合は法味を失いますので、法味を求めて新たな地へ移動してしまう、当然の原理ですね。

澤登　なるほど。次に、聖人と言われる人までが所を辞して他の所へ行ったまま帰ってこなくなるとありますがそれは何故なのか。

有川　具体的にお話したいと思います。

末法の時代において聖人と言われる法華経の行者は、日蓮大聖人以外に他にはおりません。

文応元年（１２６０）七月十六日、日蓮大聖人は39歳の時、当時の最高権力者・北条時頼に対し、我が身の危険を顧みず、「立正安国論」という諫暁の書を上奏しました。

当時の日本は、正嘉元年（１２５７）の大地震をはじめ多くの天変地夭があり、飢饉・疫病が多発し、国中の民衆が苦しんでいました。そうした災難が起こる根本原因は、一国謗法にあることを知る大聖人は、言わずに黙っているわけにはいかないと、念仏宗・禅宗・真言宗・律宗等の邪義・邪宗の悪法を捨てよ、と諫めたのです。

また、文永八年（1271）九月十二日には、鎌倉幕府侍所の最高権力者・平左衛門尉頼綱に、さらに、文永十一年（1274）四月八日には再び平左衛門尉に、謗法禁断を進言されました。しかし、大聖人の三度にわたる諫めに対し幕府は、一向に耳を貸そうとせず、逆に伊豆流罪、佐渡流罪、龍ノ口の首の座と大聖人を迫害しました。そこで大聖人は「賢人の習い三度国をいさむるに用いずば山林にまじわれと・いうことは定まる例なり」

（報恩抄）

また、

「国恩を報ぜんがために三度までは諫暁すべし用いずば山林に身を隠さんとおもいひしなり」

（下山御消息）

と隠棲を決断されたわけです。

このように、忠言耳に逆らう、と言われますが、いつの世においても、悪法に染まった悪徳権力者のもとにあっては、聖人は阻害されるが故に「所を辞して還り給わず」となるわけです。

但し、大聖人の場合は、隠棲とは言っても、挫折し逃避されたわけではない、同じことを繰り返すより、落ち着いた環境の中で、末法万年の民衆を救うため、出世の本懐たる法体の大御本尊建立という一大事の仕事が残っていたのです。

澤登　よく分かりました。

・魔とか鬼って何のこと？

次に、善神、聖人が去った後は代わりに魔や、鬼が入り込む、これによって災いが起こり難が起こるとありますが、この原理について伺いたい。

有川　魔とは梵語でして、訳すと奪命、奪功徳、障礙、攪乱、破壊等となります。魔のなかで最も恐ろしいのが天子魔といって、権力者や父母等の身に入って法華経の行者の仏道修行を妨げる働きをするのです。

鬼とは餓鬼界に住み、「悪鬼入其身」と経文にありますが、人の身に入って功徳や命を奪い、天変地異や社会・思想の混乱などを引き起こすのです。

魔や鬼が住み着く場所は、一義的には悪法たる神社に祀られた神体、寺院・諸宗教団の本尊です。何故なら、よくよく教義を吟味すると、そこには正理が無く、矛盾しているため、根本尊敬の対象には値しないからです。したがって、それらの信者には魔や鬼神の働きが感応し、災難を自ら招き寄せてしまうわけです。

他方、日本各地では古来、確たる信仰心もなく、地域の年中行事として神輿を担いだりする祭りが多くみられますが論外です。

澤登　多くの人々は間違った宗教にマインドコントロールされることほど怖いことはない、ということに気付いていません。そこで大聖人は黙っているわけにはいかない、恐れなければならないことなのだ、と、迫害されることを覚悟のうえで此の法門を叫ばれたわけですね。

有川　まさに立正安国論に示された「神天上の法門」は、大聖人が国と民衆の行く末を案じた入魂の叫びであり、救国の師子吼であったことが明らかですね。

澤登　確かに、日蓮大聖人の御生涯は、立正安国論に始まり、立正安国論に終わる、と言われていますね。

有川　日蓮正宗第六十六世の日達上人猊下は「大聖人御述作の御書の全般を通じて拝しても、立正安国論は全御書の序論の書であると同時に、結論の書であると申すことが出来る」と御指南されております。

・人々が悪法に帰すと何が起こるの？

さて、ここからは、私が最も注目したいテーマについて述べたいと思います。それは、人々が皆、正法を捨てて悪法に帰すと一体どのような因果応報を受けるのか、という問題です。この点については残念なことに、甘く見ている人ばかりなのです。

そもそも、妙法を唱えて覚者となった人物には、本仏、迹仏、師・弟子等の格の違いはありますが、悟った中身は皆同じです。釈迦、多宝、竜樹、天親、天台、伝教等然りです。故に、人々が悪法に帰すと先行きがどうなるのかについての答えは同じです。よって、立正安国論において大聖人は、御自身の答えを釈迦の経文を証拠として引用されています。

澤登　経証の第一は**金光明経**ですね。

有川　ここでは

・種々の災禍あって国位を失う
・人衆皆善心なく殺害しあう
・数々の疫病の流行
・日月の異変で地震・大雨・暴風・飢饉に
・他国の怨族が国内を侵略
・土地所楽の処無し、と。

澤登　経証の第二は**大集経**です。

有川

・髭髪爪をだらしなく伸ばし
・所生の華菓の味美味からず
・井戸・泉・池は渇き土地は荒地
・山は皆焼け雨降らず
・日月明を現ぜず悪瑞相現れる
・不善業の貪・瞋・癡が倍増
・寿命・体力減じ文化は退廃、と。

澤登　経証の第三は**仁王経**です。

有川

・国土が乱れるときは先ず鬼人（思想）が乱れる。鬼人が乱れるが故に万民が乱れる
・他国の賊が国内に侵略し、万民百姓が殺害される
・臣・君・太子・王子・官吏が意見の不一致を起こして相争う
・過去世に五百の仏に仕えた功徳によって帝王になれたものが、悪法に帰して福運が尽きてしまったときは七難が必ず起こる
・七難とは日月失度の難、衆星変改の難、諸火ぼん焼の難、時節返逆の難、大風数起の

難、天地亢陽の難、四方賊来の難

澤登　経証の第四は**薬師教**です。

有川
・人民大衆が伝染病などの流行病にかかる
・他国から侵略される
・自国内で叛逆や同士討ちが起こる
・星の運行に異変が起こる
・太陽や月に異変が起こる
・時期外れの時に暴風雨が起こる
・時が過ぎても降るべき時節に雨が降らない
以上、大聖人が上げた四つの経証をまとめてみましたが、この内容について澤登さんの感想を聞かせてください。

・「神天上の法門」恐るべし！

澤登　ハッキリ言って今日、毎日報道されるテレビの画像や、新聞記事を彷彿とさせながら伺っておりました。言うまでもなく、現代世相と経証が見事に一致しているからです。我が国においては、列島各地で群発地震が日常化しています。これが大地震の前触れではないかと心配されています。季節外れの大型台風は国土と民家を破壊し、農作物にも甚大な被害をもたらしています。新型コロナウイルスの猛威は多くの死者を出し、日本経済にも大きな損失をもたらし、電気代の値上げをはじめ諸物価の高騰は庶民生活に大きな打撃を与えています。

次代を担う若者によるオレオレ詐欺、広域特殊詐欺事件、強盗殺人事件等も日常化しています。放火事件も年々増加し、高齢者をはじめ多くの国民が危険に晒されている。また、自公連立政権は長い間、党利党略で国民不在の政治を行ってきましたが、衆院選小選挙区の10増10減の候補者擁立を巡っては、国民不在の醜い自公の対立がトップニュースになりました。

一方、国外に目を転ずると、ロシアとウクライナの戦争はますます激化し、ロシアのプーチン大統領は、核ミサイル使用の準備を着々と進めています。また、北朝鮮のミサイルは日本列島の上空を飛び交っていますし、中国も領海侵犯して尖閣諸島を頻繁に航行している。まさに経証にある他国侵逼の難が起きています。

有川　経証と現代世相がピタリと一致している。ということは、釈迦や日蓮大聖人の予言は寸分の狂いもなく的中しているということですね。**予言の的中は予言した人物の説の偉大さを示していることになります。**

ということは、破邪顕正の師子吼と言われる大聖人の「神天上の法門」は、如何に偉大な説かを万人が気付いてしかるべきなのです。

「聖人と申すは委細に三世を知るを聖人と云ふ」**（聖人知三世事）**とあります。この際、「神天上の法門」に対する信ぴょう性が、多くの人に一層高まるよう、釈迦と日蓮大聖人の「予言的中」問題を検証したいと思います。

澤登　確かに、日本人は宗教に対して疑い深い人が多いように思います。そうかと言って、それらの人々は、宗教の正邪を判定できる見識を持っているのかと言えばそうでもない。要するに、無関心なのです。この無関心者に仏の予言の的中を明示することは極めて大事なことですね。

・釈迦の予言は日蓮が身をもって証明

有川　そこで私は、釈迦の滅後二千年以降の末法の時代に、自身の法華経の功力が無くなり、代わって力ある法華経の行者（御本仏・日蓮大聖人）が出現すると予言し、それが的中した事実を紹介したいと思います。

釈迦の予言①

「濁劫悪世の中には、多く諸の恐怖有らん、悪鬼其の身に入りて、我等を罵詈毀辱せん」**（勧持品）**

大聖人は、鎌倉幕府の権力者をはじめ、国中の人々に憎まれ、布教活動の拠点だった草庵の焼き討ちに遭われました。

釈迦の予言②

「諸の無智の人の、悪口罵詈等し、及び刀杖を加うる者有らん」**（勧持品）**

大聖人は、文永元年（１２６４）「小松原の法難」の時、安房の地頭・東条景信に刀で切られ、右額に四寸ほどの刀傷を受け、手も打ち折られる大難に遭われました。

釈迦の予言③

「若し人悪《みだ》りに、刀杖及び瓦石を加えと欲せば、則変化の人を遣わして、之が為に衛護と作さん」**（法師品）**

「若し復人有って、当に害せらるべきに臨んで……彼の執れる所の刀杖、尋《つ》いで段々に壊れて、解脱することを得ん」**（観世音菩薩普門品）**

大聖人は、文永八年（１２７１）九月十二日、鎌倉の龍ノ口において、幕府の要人・平頼綱が率いる武装兵士によって斬首刑に処せられようとしました。その時、江の島の方から月に似た毬のような光物が飛んできて、兵士等は目がくらみ刀は折れ吹き飛ばされてしまった。この時、大聖人は上行菩薩の再誕・日蓮から、末法の御本仏・日蓮大聖人へと発迹顕本されたのです。

釈迦の予言④

「濁劫悪世の中には……数々《しばしば》濱出《ひんずい》せられ」**（勧持品）**

ここにある濱出《ひんずい》とは流罪（島流し）のことで、数々とは一度ならず二度以上の意に取れます。大聖人はこの予言の通り、一度目は弘長元年（１２６１）五月十二日、北条長時（執権）の命により伊豆の伊東に一年九か月間、島流しに遭われました。

二度目は文永八年十月十日から二年五か月間、厳冬の地・佐渡に流罪されました。

このように、釈迦が予言した末法における法華経の行者が受ける迫害の具体例は、日蓮大聖人お一人がすべて身業読誦されている。即ち、釈迦の予言が的中したわけです。

逆に言うなら、大聖人の御出現によって、釈迦の予言は虚妄ではないことが証明されたわけです。

澤登　二千年という長大な時を跨いで予言を的中させた当事者たる釈迦と日蓮大聖人の只ならぬ関係を知る時に、両者の教えには絶対的な信頼がおける、との大確信を深めることが出来ました。

・日蓮の予言は悉く的中している！

有川　次は日蓮大聖人の予言的中について診て行きたいと思います。

大聖人の国家諌暁は、前にも述べましたが三度ありました。一度目の「立正安国論」の上奏の時は、念仏宗・真言宗・禅宗等の邪宗・邪義を捨てるよう諌めておられますが、同時に、謗法を禁断しなければ、次のような難が起こると、具体的な難の中身を示されています。それが予言です。即ち、自界叛逆の難、他国侵逼の難の二難です。

二度目は、文永八年九月十二日の龍ノ口法難の直前、鎌倉幕府侍所の権力者・平左衛門尉頼綱等が大聖人を召し取りに来た時ですが、次のように述べておられます。

「遠流・死罪の後・百日・一年・三年・七年が内に自界叛逆とて此の御一門どしうち（同士討ち）はじまるべし、其の後は他国侵逼難とて四方より・ことには西方より責められさせ給うべし」**（種種御振舞御書）**

また、「宝治の合戦すでに二十六年今年（文永九年）二月十一日十七日又合戦あり……日蓮は此関東の御一門の棟梁なり・日月なり・亀鏡なり・眼目なり・日蓮捨て去る時・七難必ず起こるべし」**（佐渡御書）**

さらに、「当世は世乱れ去年より謀反の者・国に充満し、今年二月十一日合戦、其れより今五月のすゑ・いまだ世安穏ならず」**（佐渡御書）**と。

このように、予言の内容はより具体的に示され、徐々に的中し始めていることを述べておられます。そして、佐渡流罪後百日目の文永九年二月十一日、北条時輔が誅殺されるという内乱が起き、自界叛逆の難の予言が的中しました。同じく三年後の文永十一年十月には、元の大軍が来襲し、他国侵逼の難の予言も的中しました。

三度目は、文永十一年四月八日、佐渡流罪の赦免後、鎌倉に戻られたとき、再度、平左衛門尉頼綱に面会し、念仏・禅、特に真言宗が日本の最も大きな災いのもとであり、必ず今年中に蒙古の大軍の襲来があると断言された。その時の様子について大聖人は

「去年四月八日、左衛門尉に語って云く。王地に生まれたれば身をば随えられてたてまつ

るようなりとも心をば随えられたてまつるべからず……若し大事を真言師・調伏するならばいよいよ急《いそ》いで此の国ほろぶべしと申せしかば頼綱問うて云く、いつ頃よせ候べき、予言く経文にはいつとはみえ候はねども天の御気色怒り少なからず・きう（急）に思へて候よも今年はすごし候はじと語りき」**（撰時抄）**と。そして弘安四年七月に二回目の元の襲来が起こり、予言は的中しました。

また、大聖人は

「過去現在の末法の法華経の行者を軽賤する王臣万民始めは事なきようにて終にはほろびざるは候はず」と述べておられますが、熱原の法難の時、大聖人の一門を迫害した面々については次のように述べておられます。

「大田の親昌・長崎次郎兵衛の尉時綱・大進房が落馬等は法華経の罰のあらわるるか、罰は総罰・別罰・顕罰・冥罰・四候、日本国の大疫病とけかち（飢渇）とどしうち（同士討ち）と他国よりせめらるるは総罰なり、やくびよう（疫病）は冥罰なり、大田等は現罰なり別罰なり」**（聖人御難事）**と。

これもまた、先の予言が的中したことを裏付ける御文です。

さらに、大聖人を龍ノ口で斬首刑にしようとし、これに失敗すると佐渡流罪を命じた最高責任者の平頼綱はその後どうなったでしょうか。

熱原法難から十四年後、大聖人滅後十一年目の永仁元年四月二十二日、執権・北条貞時の討手《うって》によって、頼綱の館が急襲され、頼綱と弟の助宗は自害し、長男・宗綱は佐渡流罪に処せられ、一族郎党はすべて逮捕されています。これこそ大聖人の予言は的中したと言えるでしょう。

澤登　厳然たる功徳と罰の現証があってこそ正しい宗教であると言うことですね。

有川　その通りです。誹謗中傷しても罰が出ないような宗教は、信仰しても功徳はでません。末法の御本仏・日蓮大聖人の「神天上の法門」を信じるか、信じないか、は個人の自由ですが、どちらを選択しても、無関心者も含め、それなりの功徳と罰の現証がハッキリ出ますから、我らはその大確信をもって、王者の気概で前進するのみです。

・〝一凶〟は時代によって変わります

有川　これまで私は、日蓮大聖人が立正安国論で説かれた「神天上の法門」に着目し、読者の理解に供しようと試みました。

澤登　有川さんの着眼と解釈の展開を興味深く伺いました。

有川　「神天上の法門」を説いた立正安国論の中で大聖人は「如かず彼の万祈を修せんよ

りは此の一凶を禁ぜんには」と師子吼されました。この御文の意味は、災難を根絶するには、悪法を垂れ流す僧らを集め、千万の祈りを修するよりは、一凶である法然の法華経誹謗を禁じなければ収まることは無い、と警告されたのです。

澤登　大聖人が立正安国論を執筆される以前の日本国内の世相は、正嘉元年（1257）八月二十三日の鎌倉大地震をはじめ、天変地夭、飢饉・疫癘、火災、盗賊、大衆の兵乱など物情騒然としておりました。

しかし、鎌倉幕府は成す術を失い、関係の深い念仏・真言、禅・律宗等の僧侶に各種の祈願を命じたのですが全く効き目がなく、災難は拡大するばかりでした。

そこで災難が起こる根本原因を知る大聖人は、邪義邪宗の多くの僧等に災難回避の祈願をさせるのではなく、正法たる法華経を最も激しく誹謗中傷する法然の念仏宗を〝一凶〟と定め、布教を禁止させなければ災難は収まらないと、幕府の最高権力者・北条時頼に諫言されたわけですね。

・「一凶禁断」の叫びは命懸けの師子吼！

有川　上下万民、国を挙げて念仏信仰がメジャー化している時代に、少数教団の大聖人が、国家の最高権力者の施策に異議を唱えたわけですから、命懸けの国家諫暁だったと言えます。

澤登　〝一凶〟と言われ嫉妬した念仏僧は文応元年（１２６０）八月二十七日の深夜、念仏を信仰していた幕府の権力者・北条重時を後ろ盾にして民衆をそそのかし、大聖人の布教活動の拠点であった鎌倉の松葉谷の草庵を襲撃しました。

有川　その後も〝一凶〟と断言したことが淵源となって大聖人には、伊豆流罪、小松原の法難、龍ノ口の首の座、佐渡流罪と立て続けに大迫害が嵐の如く襲い掛かってきました。しかし、大聖人は一歩も退くことはなかったのです。

澤登　そうした大聖人の生きざまに対し、日本の著名人を代表する新渡戸稲造氏は、クリスチャンで宗派は違いますが、おなじ信仰者としてみた場合、迫害があっても信念を貫いた勇気を高く評価し、尊敬する人物の一番目に日蓮大聖人をあげています。

また、元東大総長の天野貞祐氏も新渡戸氏と同じ観点で大聖人を讃嘆しておりますね。

・「一凶禁断」には主師親の三徳が秘められている

有川　封建時代にあって、最高権力者を相手に、一生涯、ブレずに自らの信念を叫び抜かれたことに驚嘆したのでしょうね。しかし、これは単なる勇気ではないのです。

澤登　といいますと。

有川　この〝一凶〟発言には主・師・親の三徳を備えた末法の御本仏としての大確信が秘められているのです。即ち、民衆を幸せにできるのは自分しかないという主の徳、正法と悪法とは何かを教えることが出来る師の徳、民衆を救わんとする大慈悲の親の徳です。この主・師・親の三徳を具備された御本仏でなければ断言できない言葉が「此の一凶を禁ぜんには」に込められているのです。

澤登　なるほど、非常に重みのある言葉なのですね。したがって、瞬時も忘れてはならない御金言と拝したいと思います。

有川　そこでいよいよ、第二部の本題に入りたいと思います。ズバリ、果たして、現代における〝一凶〟とは何かという問題です。大聖人が立正安国論を書かれたのは今から七百六十数年前ですが、当時は権力と結託した法然の念仏宗が、国民のほとんどを帰依させるまでに隆盛を極めておりました。

澤登　しかし、大聖人は有名な「四箇の格言」で「念仏無間（地獄）」と破折されておりますね。

・法然の行状から現代の一凶が見えてくる

有川　そうなのです。私はこれから現代における「一凶」を特定しようとする時に、なぜ大聖人は法然の浄土宗を「一凶」と断定されたのかを検討すれば、必然的に、ある宗教団体の名前が浮かび上がってくるのです。

澤登　そこはぜひ伺いたいですね

有川　法然の浄土宗は、元々は五世紀末から六世紀の南北朝時代に活躍した曇鸞・道綽・善導といった僧侶が説いた教えに帰依しております。

浄土宗というのは、阿弥陀仏（因位の修行中だった法蔵比丘）の四十八の本願を信じ、南無阿弥陀仏の名号を唱えることによって浄土に往生できると説く宗派です。

その中で曇鸞は難行道と易行道を説き、浄土宗は易行道だが、他の宗教は実践が困難な修行を説く法門だと否定しました。

道綽は聖道門と浄土門を説き、聖道門とは自力で仏果を得ることを目指すことを言い、証することは難しいが、浄土門は阿弥陀仏の他力によって極楽往生が叶うと説いた。

善導は阿弥陀仏を対象とする修行は正行で、それ以外の修行は粗雑な行なので雑行だと説いた。

これら中国の浄土宗三氏が説いた二元論のうち、難行・聖道・雑行と否定した中には、法華経を名指しで該当するとは言っておりませんでした。

ところが日本の法然は「選択集」において次のように説きました。

第一には中国の浄土宗三氏が説いた二元論をそのまま自説のように取り入れ、しかも、「準之思之」（之に準じて之を思うに）の四字でそれを拡大解釈し、難行・聖道・雑行の中に法華経を含め「捨閉閣抛」と言って、捨てよ、閉じよ、閣《さしお》け、抛《なげう》て、と正法を誹謗したのです。

・仏説に無い事を説く法然

第二には、「千中無一」と言って、阿弥陀以外の法華経を含む諸仏菩薩をいかに礼拝しても、千人に一人も得道はできない、と誹謗したのです。

そもそも「捨閉閣抛」とか「千中無一」などと言う教えは仏説にはありません。仏説に無いことを、しかも勝手に拡大解釈して平気で説く、これが法然の正体なのです。それでも法華経を否定するのであれば、その理由を明らかにすべきなのに、それには全く答えていません。

しかし、法然の専修念仏の教えは、相次ぐ天変地異の不安に付け込み、時代の風潮に乗って宗教に無知な民衆の中に浸透したのです。

澤登　話を伺っておりますと、現代における「一凶」は何なのか、次第に浮かび上がってきました。その前に、先ほど浄土宗とは阿弥陀仏の因位の修行中だった法蔵比丘の四十八願を信じたものが極楽浄土に往生できる教えだと言われましたが、その第十八願には「但、誹謗正法と五逆の者は除く」とありますね。法蔵比丘の四十八願は釈迦が法華経を説く以前の爾前経を依経としておりますから、誹謗正法の正法とは法華経を指しているわけです。

ということは法然自身が、念仏を唱えても法華経を誹謗する者は、極楽往生は出来ないと言っているわけですから、矛盾をさらけ出していることになります。

有川　そうですね。しかし法然は法蔵比丘の第十八願が何かを隠しているのです。姑息としか言いようがありません。

・現代の一凶が確定しました！

澤登　以上の事から、大聖人時代の「一凶」の有り体が浮き彫りになりましたね。これによって、現代における「一凶」が見えてきたように思います。

有川　私の認識は、災難をもたらす「一凶」は、大聖人時代においては法然の浄土宗でしたが、現代においても悪法であることには変わり有りませんが、どちらかというと、葬式仏教化し、勢力も夕日の如く衰え、若者の関心も失われています。

そうした中、現代においては、新たな新興宗教団体が台頭してきました。例えば、世界192か国にまで〝ニセ本尊〟の悪法を垂れ流し、日本国内においては、公称827万世帯（国外280万）の会員を誇り、衆参合計五十九名の国会議員を含む約三千人の地方議員を抱えるほどに成長した創価学会などはどうなんでしょう。

特に公明党は、自民党と選挙目当ての連立政権を約二十年間も続け、大臣・副大臣・政務官ポストを握り、国政を司ってきました。

昭和二十七年（1952）日蓮正宗の派生団体として宗教法人の認証を得たわけですが、庇を借りて母屋を取るが如く、急速に勢力を拡大しました。

ところが、慢心を起こした学会側の宣戦布告によって対立することになり、結局、学会は宗門に破門されました。私はその時の両者の言い分を丹念に調べましたが、明らかに宗門の主張は筋が通っていて、冷静かつ正しく、学会を〝現代における一凶〟と断じたことに軍配をあげました。

澤登　私も同感です。あれはたしか平成二年十一月、学会の本部幹部会で、突如、池田名誉会長が宗門の御法主上人猊下や僧侶を軽視するスピーチを行いました。事態を重視した宗門は、録音テープを精査し〝お尋ね書〟を送り、真意を糺しました。しかし学会は質問には答えず逆に、開き直っていましたね。あれはダメです。

有川　振り返ってみれば、あの時から既に学会は宗門から独立することを画策していたのでしょうね。

第二部（対談）

創価学会の〝黒歴史〟
――一凶を裏付けるこれだけの証拠

・牧口・戸田・池田三代会長の過去発言

有川　創価学会が本書第一部の「神天上の法門」に明記された「悪法」団体に該当するかどうかの判定は、究極の「正法」たる本門戒壇の大御本尊並びに**「血脈の次第　日蓮日興」**と大聖人が指定された**「池上相承書」**を今日まで守り通してこられた日蓮正宗の御法主上人猊下に対する姿勢を見れば明らかとなります。

なぜなら大聖人は「若し謗法ならば、亡国堕地獄疑い無し。凡そ謗法とは謗仏・謗僧なり」**（真言見聞）**と明言されています。

即ち、創価学会に謗仏・謗僧の謗法の事実があれば悪法の宗教団体であることが確定するわけです。

澤登　問題はそこですね。ここはキッチリ白黒を付けてハッキリさせなければなりません。そこで、まず、本門戒壇の大御本尊について、創価学会の歴代会長はどのような発言をしていたか調べました。

初代の牧口常三郎会長は、

「大石寺に伝へられる大御本尊を信じ奉る者が正しい信者である」（第三文明社「牧口常三郎全集」）

「大善生活が、いかにして吾々の如きものに百発百中の法則として実証されるに到ったか。それには、仏教の極意たる妙法の日蓮正宗大石寺にのみ正しく伝わる唯一の秘法があることを知らねばならぬ」（大善生活実証録第四回総会報告）

二代目戸田城聖会長は

「弘安2年の御本尊は、本門戒壇の御本尊と申し上げ、日蓮大聖人が出世の本懐として、弘安2年10月12日に御図顕になられたのであります。『聖人御難事』に、建長5年より、余は27年にして出世の本懐を遂げるとおおせあそばされています。日寛上人は、大御本尊について『就中弘安二年の本門戒壇の御本尊は、究竟中の究竟、本懐の中の本懐なり。既にこれ三大秘法の随一なり。況や一閻浮提総体の本尊なる故なり』（観心本尊抄文段）といわれています。」（聖教新聞S27・6・10）

「御法主上人猊下をとおして大御本尊を拝しますれば、かならず功徳がでる」（戸田城聖全集」四巻）

三代目池田大作会長は

「祈る対象こそ宗教の根本命題である。信ずる人の人生を左右する最重要問題であるからだ。そして末法にあっては法華経の寿量文底の南無妙法蓮華経である。すなわち、三大秘法総在《そうざい》の『本門戒壇の大御本尊』なのである。日蓮正宗総本山大石寺におわします『本門戒壇の大御本尊』が、いっさいの根本である。われわれの拝受したてまつる御本尊は、血脈付法の代々の御法主上人のみが、分身散体《ぶんしんさんたい》の法理からおしたためくださるのである。」（「広布と人生を語る」）

これら三人の会長発言を読みますと、実に明解で非の打ち所がなく、私の胸もすっきりいたします。

・池田豹変のキッカケは正本堂建立か（以後、紙面の都合上、池田大作氏の敬称は省略します。）

有川　同感です。私が本書のプロローグで紹介した学会が宗教法人設立にあたり、宗門に誓った三つの約束というのがありましたが、今、貴方が紹介してくれた歴代会長の言葉は、これに合致する正しい内容でした。

ところが、池田が第三代会長になってから、純真な一般会員が、否、全国の大幹部も知らないところで、彼は密かに数々の謗法を積み重ねていたのです。

彼が豹変したきっかけは、昭和四十七年十月に池田の発願により、日蓮正宗総本山に正本堂を寄進された時だと私は思っています。

澤登　何があったのでしょうか。

有川　彼は、着工大法要の折り、正本堂の意義について「三大秘法抄」の文を引き、「法華本門の戒壇」と発言し、正本堂が広宣流布の達成の暁に建立されるべき大聖人御遺命の事の戒壇であると表明したのです。

澤登　池田は自分の手によって広宣流布を達成したということにしたかったわけですね。

有川　しかも彼は、正本堂を意義づけた自らの定義を、宗門が受け入れるよう求めたのです。これに対し日達上人猊下は、昭和四十七年（１９７２）四月二十六日に次のような「訓諭」を出されました。

「正本堂は一期弘法付属書並びに三大秘法抄の意義を含む現時における事の戒壇なり。則ち正本堂は広宣流布の暁に本門寺の戒壇たるべき大殿堂なり」

この中で「現時における事の戒壇なり」とは、現在は広宣流布の途上であるから、三大秘法抄、一期弘法付属書にある大聖人御遺命の戒壇とは言えないとされたわけです。池田はこの裁定に不満を抱き、以後、次々と宗門の許可が下りないような謗法を勝手に積み重ねていくのです。

澤登　日本の総人口１億２４５２万人に対し、学会員の数は多めにみても３％前後でしょう。これでは、とても広宣流布したとは言えません。日達上人猊下の裁定は誰もが納得できるものと思います。

・昭和五十二年路線の教義逸脱

有川　次に学会の「昭和五十二年路線の教義逸脱」という問題が起きました。
これは、昭和五十二年当時、学会は日蓮正宗の教義から逸脱した謗法を犯していることが問題になりました。

澤登　具体的に上げますと
①創価仏法の原点は、戸田会長の獄中の悟達である。
②日蓮正宗の唯授一人の血脈を否定。学会は大聖人直結。
③池田の「小説　人間革命」は現代の御書である。
④池田会長に帰命する。池田会長は主・師・親の三徳を備えて久遠の師である。
⑤寺院は単なる儀式の場。学会の会館は広布の道場であり現代の寺院。
⑥邪宗の祭りへの参加を容認。
⑦在家（創価学会）への供養を容認。
――等でしたね。

有川　これは明らかに、学会が独立路線を企てたということですね。当時、学会の顧問弁護士だった「山崎・八尋文書」（昭和四十九年四月十二日付）には「長期にわたる本山管理の仕掛けを今やっておいて背後を固める」とあり、また北条（当時の会長）文書（昭和四十九年六月十八日付）にも「長期的に見れば、うまくわかれる以外にないと思う」と。
これらの一連の流れから分かることは、当時の学会は、宗門を実質的に支配して乗っ取るか、それが出来なければ分離独立をすると言う陰謀を企てていたということでしょう。

澤登　そのころ、学会に批判的な僧侶が学会本部に呼びつけられ、吊し上げをされたと聞いております。また、会合のたびに、急に池田や幹部が宗門を批判することが多くなり、何があったのかと私は、不信感を抱き聞いておりました。

・御本尊模刻事件の発覚！

有川　さらに、このころ、学会の御本尊模刻という大謗法が明らかになりましたね。
事の発端は、昭和五十三年一月、浅草の赤澤佛具店本店の赤澤猛社長が、日達上人猊下に新年のあいさつに伺った時に、学会から数体の御本尊の模刻を依頼され、板本尊に直したことを報告して発覚。猊下は寝耳に水とばかりに後日、大宣寺の菅野住職に調査を行うよう指示されたのです。

澤登　私もビックリしました。御本尊に関することは御法主上人猊下の専権事項であり、勝手に模刻するなど絶対にあってはならない大謗法行為ですからね。模刻された御本尊は次の八体です。

①　学会本部安置（昭和二十六年五月十九日）大法弘通慈折広宣流布大願成就。第六十四世日昇上人。

②　関西本部安置（昭和三十年十二月十三日）第六十四世日昇上人。

③　ヨーロッパ本部安置（昭和三十九年十二月十三日）第六十六世日達上人。

④　創価学会文化会館安置（昭和四十二年六月十五日）第六十六世日達上人。

⑤　学会本部会長室安置（昭和四十二年五月一日）第六十六世日達上人。

⑥　アメリカ本部安置（昭和四十三年六月二十九日）第六十六世日達上人。

⑦　賞本門寺戒壇正本堂建立本尊（昭和二十六年五月三日）第六十六世日達上人。

⑧　池田大作授与の御守り御本尊（昭和二十六年五月三日）。第六十四世日昇上人。

有川　このうち、学会本部安置の板本尊は昭和五十年（1975）一月一日、池田が導師をして入仏式を行ったといいますから驚きですね。また、小さな御守り御本尊を何十倍にも大きく拡大して、会員に拝ませていたと言いますから信心のなさに呆れてしまいます。

・池田〝お詫び登山〟後に会長辞任

結局のところ、これらの五十二年路線問題は、昭和五十三年（1978）十一月七日に、総本山で開催された「創価学会創立四十八周年記念登山代表幹部会」（通称・お詫び登山）で、池田が謝罪している。

「これまで、いろいろな問題について行き過ぎがあり、宗内をお騒がせし、また、その収拾にあたっても、不本意ながら十分な手を尽くせなかったことは、総講頭の立場にある身として、この席で、深くお詫びいたします。」と。

澤登　ところが、実際には何ら逸脱行為は改められず、宗内の多くの若手僧侶などから、池田大作の責任を問う声が沸き上がり、とうとう池田は昭和五十四年（1979）四月二十四日に会長を辞任、二日後には法華講総講頭も辞任しました。

有川　会長辞任後は、院政を執らないよう宗門から言い渡されたようですね。辞任後、池田は学会草創期の会員宅の家庭訪問などをして反省の姿を示したことから、昭和五十九年（1984）一月二日、六十七世日顕猊下によって池田は法華講総講頭に再任されました。

ところが、平成二年（1990）十一月十六日の本部幹部会の衛星放送で、突如、池田は御法主上人猊下に対する誹謗と宗門蔑視の慢心スピーチをおこなったのです。

・池田、猊下を批判し信徒除名

澤登　あの時は私も会館で全国同時放映の録画を聞きましたが、嫌な気持ちになりました。

「猊下というものは信徒の幸福を考えなきゃいけない。権力じゃありません」

これは、御法主上人猊下は、まるで信徒の幸福を考えていないと言っているに等しい。

また、猊下の御説法に対し
「誰も解らないんだ、ドイツ語聞いているみたいにね。」（笑い）

これほど猊下を小バカにした言葉はない。

さらに、

「五十周年、敗北の最中だ。裏切られ、たたかれ、私は会長を辞めさせられ、ね。もう宗門から散々やられ」

この発言は、自分が犯した謗法の数々を謝罪し会長を辞任したはずなのに、過去の反省懺悔を反故にするものだ。約束したことを守らず、裏切ったのは池田じゃないですか。

有川　池田のこのスピーチに対して宗門は、翌十二月十六日、「宗務院より創価学会宛ての第三五回本部幹部会における池田名誉会長のスピーチについてのお尋ね」なる文書を郵送し、問題個所の真意を質しました。

しかし、学会は誠意ある回答を示すどころか、逆に敵意を顕わにし、「お伺い」などと称する宗門への詰問書を送り付けてきたのです。その後、数回のやり取りの中で宗門は、学会に対し本来の信仰姿勢に立ち返るよう訓戒を重ねましたが、これを無視し、さらに誹謗を繰り返したため、「通告文」を送り、その後「解散勧告」を行った後に、平成三年（1991）十一月二十八日、創価学会を破門しました。

また、宗門は池田大作に弁疏（弁解）の機会を与えましたが、何の返答も無く不遜な態度に出たため、平成四年（1992）八月十一日、池田を信徒除名処分に付しました。

さらに、学会員に対して五年余の反省懺悔の機会を与えましたが、その心なしと判断し、平成九年（1997）十二月一日、創価学会に籍を置く会員に対し、信徒の資格を喪失させました。

日蓮正宗とは全く無関係になった創価学会は、いよいよ、日蓮大聖人出世の本懐である本門戒壇の大御本尊に対し誹謗し、現代における「一凶」の正体を顕わにしていくわけです。

澤登　事ここに至って池田は、過去何十年もの長い間、戒壇の大御本尊の偉大さを会員に指導してきた前言を翻し、誹謗中傷するという、第六天の魔王の姿を現すわけですね。

・本門戒壇の大御本尊を「物です」と発言

有川　それが平成五年（1993）十月二十日の本部幹部会での池田の発言です。「本門戒壇・板本尊。なんだかんだと。信心の中にしか本尊はないんです。あとは、物です、一応の。機械です。」と、人法一箇の御本尊を否定しています。

この発言は、学会員を日蓮正宗の戒壇の大御本尊から引き離すために言い出したのです。〝胸中に御本尊があるのだから、戒壇の御本尊は拝む必要はない〟との考えは、大聖人の心に背向く悩乱の説です。しかも「物です」「機械です」の捉え方に至っては、大聖人が御自身の当体として残された大御本尊に対し、これほど無礼なことはありません。

大聖人は

「此の画木に魂魄と申す神《たましい》を入るゝことは法華経の力なり。……此の法門は衆生にて申せば即身成仏といはれ、画木にて申せば草木成仏と申すなり」（四条金吾釈迦仏供養事）

また「木像画像の開眼供養は唯法華経にかぎるべし」（本尊問答抄）

とあり、これらの御文について日寛上人は

「木画二像の草木成仏とは、曰く、木画の二像に一念三千の仏種の魂魄をいるるが故に、木画の全体、本有無作の一念三千の生身の御仏なり。謹んで文字及び木画と謂《おも》うことなかれ」と説かれています。

　これに反する池田の「物です」「機械です」発言は、大聖人を冒涜する大謗法です。経文には「没在於苦海」とありますが、死後は霊山どころか堕地獄必定でしょう。

　一方、会員は皆「先生はお元気です」と言いますが、それなら何故、十二年以上も姿を見せることが出来ないのでしょうか。皆が心配しているのですから、脳梗塞で入院された後の病状を包み隠さず説明すべきではないでしょうか。

　かつて、アメリカのレーガン大統領は、皮膚がんが進行し、余命幾ばくも無いことを知ったとき、その事実をありのままに公表しました。そして、残りの人生はアメリカの国家・国民のために全力を尽くしたいと宣言されました。なんと潔い勇気と品格を感じさせる振舞でしょうか。かれはクリスチャンです。

　仏法者を自任するのであれば、これ以上のメッセージを期待する会員が多いのではないでしょうか。

澤登　池田の発言で思うのですが、「信心の中にしか本尊はない」という考えは、御本尊よりも自分たちの信心を中心と考える本末転倒した邪義ですよね。

有川　その通りです。日寛上人は「文底秘沈抄」で「境能《よ》く智を発し、智亦《また》行を導く、故に境若し正しからざる則《とき》んば智行も亦随って正しからず」と説かれ、対境の御本尊があって、はじめて凡夫の信心（智）が発現し、信心（智）によって修行（行）が導き出されるゆえに、もし対境の本尊が正しくなければ、信心も修行も正しいものではなくなるわけです。即ち、御本尊が主であり根本なのです。

・会則の本尊規定で迷走する学会

澤登　続いて本門戒壇の大御本尊を蔑む発言をした学会は、池田の発言の整合性を取るために、会則における本尊規定の改変に手を染めることになるわけですね。

有川　そうですね。

平成十四年（２００２）四月一日、学会は従来の会則を改変しました。

従来の会則は昭和五十四年（１９７９）四月二十四日に制定されたもので

「（教義）第二条　この会は、日蓮正宗の教義に基づき、日蓮大聖人を末法の御本仏と仰ぎ、日蓮正宗総本山大石寺に安置せられている弘安二年一〇月一二日の本門戒壇の大御本尊を根本とする」とありました。

それを改変後の会則では

「（教義）第2条　この会は、日蓮大聖人を末法の御本仏と仰ぎ、一閻浮提総与・三大秘法の大御本尊を信受し、日蓮大聖人の御書を根本として、日蓮大聖人の御遺命たる一閻浮提広宣流布を実現することを大願とする」としました。

改変のポイントは、「日蓮正宗総本山大石寺」の名前と「弘安二年一〇月一二日の本門戒壇の大御本尊」の名前を削り取ったことにあります。

それでは、「一閻浮提総与・三大秘法の大御本尊」とはどの御本尊を指すのか、については訳の分からない表現をしたわけです。なんとも胡散臭い宗教団体でありましょうか。何を本尊とするかを明確にしない宗教団体など、宗教法人の名に値しません。

・遂に本門戒壇の大御本尊を否定！

そして、これではマズイと思ったのか、学会は、平成二十六年（２０１４）十一月七日の総務会において「創価学会会則　教義条項」変更を議決し、同日の「全国総県長会」の席上、会長の原田稔は、今後は学会自らが「御本尊を認定する」として、創価学会は「弘安二年の御本尊は受持の対象にはいたしません」と述べたのです。

澤登　「弘安二年の御本尊は受持の対象にはいたしません」という発表は、創価学会が遂に戒壇の大御本尊を否定したわけで、御本仏日蓮大聖人への大反逆の本音を顕にしたわけですね。

有川　宗門から破門された学会は、教義矛盾に陥り、信仰の根本である本尊の改変を繰り返したわけです。ボタンのかけ間違いをしたようなもので、次々と言い訳じみた邪義・珍説を言い始めました。

澤登　その最たるものが「御本尊とは創価学会が受持の対象として認定した御本尊であり、大謗法の地にある弘安二年の御本尊は受持の対象にはいたしません」また、創価学会が「広宣流布のための御本尊を認定します」と言い出したことではないでしょうか。

・ニセ本尊の製造販売に走る

有川　創価学会は宗門から破門され、全会員も信徒除名となった謗法団体となりました。そこで彼らが真っ先に困ったことは、日蓮正宗から御本尊を戴けなくなったことです。そこで考え出したのは、平成五年以降、自分たちが認定した自前の本尊を発行するに至りました。

学会は宗門から分離独立したわけですから、どんなものを本尊とするかは自由かもしれませんが、選りにも選って日蓮正宗の第二十六代日寛上人猊下が書写された御本尊を、好き勝手に改ざんした上で大量にコピーし、販売する暴挙に出たのです。

澤登　学会製の本尊は、日寛上人が栃木県浄圓寺の住職・本證房日證師に授与されたものを原版としたものです。平成四年に時の住職・成田宣道が日蓮正宗から離脱し、学会に提供したのですね。

有川　学会製のこの本尊はニセ本尊です。その理由は

①学会から見れば、他宗に当たる日蓮正宗の猊下が認《したた》められた御本尊を、勝手に横流しにした成田宣道の行為、また、それを受けて自宗の本尊とした学会の行為は、正しく〝法盗人〟の行為であり、〝泥棒本尊〟と言われても仕方ありません。

②大聖人は

「法華を心得たる人、木絵二像を開眼供養せざれば、家に主のなきに盗人が入り、人の死するに其の身に鬼神入るが如し」**（木絵二像開眼の事）**と言われ、唯授一人の相伝による日蓮正宗の猊下による開眼の御祈念がなされない限り、その本尊は魔札であり拝めば不幸になります。

③元のご本尊の左端には、「下野国小薬邑本如山浄圓寺　大行阿闍梨本證坊日證　授与之」と書かれた授与書きを勝手に削り取っている。授与書きは、授与者の高名を後代に残すもので、それを削り取ることは失礼千万な行為である。

④　さらに、中央主題・梵字・四天王などの文字を、太くしたり伸ばしたりして加筆している。これは、まさに、〝変造本尊〟である。

――以上がニセ本尊たる所以です。

澤登　学会は、日蓮正宗のことを機会あるごとに「邪宗門」などと批判し、御法主上人猊下の唯授一人の血脈をも否定しておきながら、日寛上人猊下の御本尊を、改造して自宗の本尊とすることは、自己矛盾も甚だしく、どういう神経をしているのか、全く呆れてものが言えません。

有川　以上のことをまとめますと

創価学会は、日本最大の大謗法の邪宗教団であり、現代における〝一凶〟であるということ。故に、この謗法を退治しなければ「神天上の法門」で大聖人が師子吼された、災難が押し寄せ、国を亡ぼすことになることを忘れてはならない、ということだと思います。

・古参幹部の死亡公表の怪（？）

有川　澤登さんは自宅の近くに図書館があり、毎日通っては新聞・週刊誌等の記事を隅々までチェック、必要なものはメモにしたり、コピーを取ることで有名なコラム研究家です。

特に、創価学会・公明党に関する記事について、これ以外に「黒歴史」に関連する気になる記事はありませんでしたか。

澤登　あります。ズバリ、古参幹部の死亡日公表の時期の問題です。

有川　なるほど。私が公設秘書として仕えた元衆院議員・党書記長だった市川雄一氏が八十二歳で亡くなったことは、新聞記事で知りビックリしました。早速、葬儀に駆け付けようと思ったのですが、死亡記事をよく見ると、葬儀は一週間前に身内だけで済ませたことが分かりました。

その時私は、チラッと疑問を抱いたことを思い出します。市川雄一と言えば学会時代は、泣く子も黙る参謀室長を務めた人物だ。この役職は池田大作が初代で、池田が会長になってからは、長い間、空席になっていました。なぜなら、この役職は次期会長になる人が就任する役職だと噂されていたからです。

ところがある日、学会本部で参謀バッジの授与式が行われたときのこと。会場にサッと入場した池田会長は、題目を三唱した後、我々の方を向き、

「これから参謀バッジを授与します。バッジにはナンバーが刻印されている。私がつけているバッジはゼロ番だ。これを市川雄一につけ、参謀室長に任命する。それはなぜか。日本共産党と一番闘っているのは市川だ。今後あらゆる戦いで、もしも、理論闘争で負ける

ようであれば私の弟子ではない。

また、今後、あらゆる選挙戦で負けるようなことがあったら、すべて今日集まった参謀の責任だ！　以上終わり。」（趣旨）と。

これほど池田会長に期待された市川には、学会草創の寝食を共にした男子部幹部が沢山いた。それらの仲間が葬儀に参列できないとは、と違和感を抱いたのです。

澤登　同感です。そこで私は五、六年前まで遡って自分のメモをチェックしたところ、市川さんだけでは無い事が分かりました。

渡部一郎　（衆）　平成29年12月1日死亡（86）老衰。公表12月12日
田中昭二　（衆）　平成30年2月1日死亡（91）（?）公表3月1日
山崎尚見　（副理事長）平成30年4月16日死亡（86）（?）。公表4月22日
草川昭三　（衆・参）令和元年7月17日死亡（90）心不全。公表7月23日
鳥居一雄　（衆）　令和2年11月30日死亡（83）膵臓がん。公表12月8日
鶴岡　洋　（衆・参）令和3年2月10日死亡（88）肺炎。公表2月16日
藤井富雄　（都議）令和3年7月11日死亡（96）老衰。公表7月17日
坂井弘一　（衆）　令和3年11月22日死亡（92）老衰。公表12月1日

和田一郎　（衆）　令和4年3月26日死亡（92）老衰。公表3月31日
林　孝矩　（衆）　令和4年9月3日死亡（84）心不全。公表9月7日
太田淳夫　（参）　令和5年3月12日死亡（89）老衰。公表3月22日

流石にこれだけの古参幹部の死亡日が、葬儀が全て終わってから新聞発表されていると なると、そこには、公明党というよりは、学会の指示が働いているように感じられますね。

有川　池田は猜疑心や嫉妬心が強い人物なのか、かつて公明党の竹入委員長が、一般紙で日中国交回復に尽力した発言をしたときに、それは違うだろうと言わんばかりにバッシングを受けた時がありました。

また、私が民労事務局職員として党本部の隣りのマンションで仕事をしていた時に、女子部に大人気があった福島青年部長の奥さんが主婦同盟の女性幹部三人と事務所の清掃に来た時があったのです。そこへ突如、池田会長が現れ、福島さんにむかって「お前は私より主人の方が偉いと思っているんだろう！」と詰問されたことがありました。あの時、池田先生は嫉妬深い人なんだなと思いましたね。

澤登　功績のあった幹部が死亡した時、葬儀が盛大になることを嫌うのか、あるいは、日蓮正宗創価学会時代の草創の幹部が葬儀で顔を合わせ、戒壇の御本尊を捨てた学会の良か

らぬ話題が出ることを極度に警戒するあまりの苦肉の策なのか、私にはよくわかりません。

有川　〝創価学会最強の集票マシン〟女性部でカリスマ的人気があった浜四津敏子元公明党代表代行の死亡は、二年以上伏せられていました。

澤登　異常ですね。どんなわけがあったのか親族に本当の話を聞いてみたいですね。

有川　公表したのは公明党で、遺族の意向で控えていたと言っておりますが、令和五年（2023）二月十五日までの二年以上も公表しなかった遺族の意向とは何だったのかについては明らかにしていない。これでは国民は誰も納得しないでしょう。

第三部（インタビュー）

『新・折伏教典』

――六師外道の邪義を広めた池田大作の「宇宙法界論」

・池田大作の妙法観

有川　第二部で創価学会の大謗法を検証した結果、災難を招く現代の一凶は創価学会であることが判明しました。

そこで第三部では、あれほど日蓮正宗に忠誠を誓っていた学会が、なぜ宗門に弓を引くように豹変したのか、そこには様々な理由が考えられますが、私は、根本的には池田大作の教学上の無理解に起因しているとみております。

澤登　それは初耳です。ぜひ、お聞かせ願いたい。

有川　第三部のインタビューを受けるに当たって、貴方に幾つか調査をお願いしておりましたが、それらを取りまとめながらお答えしたいと思います。

そもそも、池田大作という人物は、日蓮大聖人の教えの根幹である南無妙法蓮華経とは何か、については、一種、彼、独特の思い込みがあって、その教学理論に基づいて、今日ある学会を築いてきたのです。

そこで澤登さん、南無妙法蓮華経とは何かについて、池田はどう言っておりましたか。

澤登　南無妙法蓮華経とは何かについての池田発言は、彼の書籍や各種会合での指導を報道した聖教新聞に沢山見つかりまして、いずれも同じような表現になっております。具体的に列記しますと次のようになります。

①　南無妙法蓮華経は宇宙の根本法則である。
②　南無妙法蓮華経は宇宙の根源の法である。
③　宇宙を貫く根源の一法が南無妙法蓮華経である。
④　妙法は宇宙深奥の真理である。
⑤　宇宙には妙法のリズムがあり、これに合致することが成仏である。
⑥　南無妙法蓮華経は宇宙のリズムの音声である。ゆえに、南無妙法蓮華経と唱えるとき、その生命活動は、大宇宙のリズムに合致して……。
⑦　全宇宙が諸法実相であり、御本尊なのです。
⑧　大宇宙の根源の音律たる南無妙法蓮華経。
⑨　大宇宙は空諦の本尊で、中諦の御本尊を通して（拝んで）大宇宙の空諦の妙法に感応すれば、我々も仮諦の本尊になれる。

有川　ありがとうございます。これで十分です。私には池田大作の六師外道義の邪義がプンプンと匂ってきました。

澤登　私は学会教学部助教授の資格を受けましたが、これらの池田発言については深く考えたことはありませんでした。

有川　実は私もこの考えを長い間疑うことなく過ごしてきました。

ところが、平成二十二年（２０１０）五月二十三日、富士大石寺参拝の折、書店で購入した日蓮正宗第六十五世・日淳猊下が書かれた「聖訓講話」を読んで愕然としたのです。そこには、随所で**「妙法は宇宙の真法とか、天地間に遍満しておると言うものがありますが」「そのような考えは間違いである」**と厳しく戒めておられたのです。

以来、私はこの一点について、他の歴代の猊下や教学研究者の友人の協力を得て、今では明確に池田の邪義を把握することが出来ました。ハッキリ言って、池田の邪義の呪縛が解けるまでには、かなりの時間がかかりました。

釈迦は**涅槃経**において

「悪象等に於て心に怖畏すること無く悪知識に於いては怖畏の心を生ぜよ何を以ての故に是の悪象等は唯能く身を懐（やぶ）りて心を懐る能わず悪知識は二倶に懐る故に」

とあり、悪象に踏まれて殺されても地獄に落ちることはないけれど、悪知識即ち悪師のために殺されては仏心を破壊されるため「必ず三趣（地獄・餓鬼・畜生）に至る」と警告しています。

特に学会の幹部は、池田の六師外道義の悪酒を飲んで、完全に酔いしびれ、大聖人の正理の道から外れ、堕地獄となるので、何とか救ってあげたい思いでいっぱいです。

六師外道については、あまり聞きなれない人が多いと思いますので、早速ですが澤登さんの調査報告をお願いします。

・六師外道義とは何か

澤登　わかりました。六師とは釈迦在世の時代に、中インドに勢力のあった六人の非バラモンの思想家の事です。まず六師ですが

一、無道徳論を説いたプーラナ・カッサバニ
二、自然論を説いたマッカリ・ゴーサーラ
三、懐疑論を説いたサンジャナ・ベーラッティプッタ
四、感覚的唯物論を説いたアジア・ケーサカンバラ
五、因果否定論を説いたバクダ・カッチャーヤナ
六、ジャイナ教（一種の無神論）のニガンタ・ナータプッタ

以上六人の事です。

六師の教えは、内道（仏教）か外道（仏教以外の教え）かの区分けで言うと外道になります。日蓮大聖人は、宗教を比較相対して勝劣を判定する「五重の相対」という原理を確

立されました。その最初に内外相対即ち内道か外道かの判定を下しており、六氏の考えは劣位の外道になるので捨てなさいと断言されております。

その理由は、内道は三世にわたる生命の因果の理法を説いていますが、外道は三世の因果を説かず、有・無のどちらか一辺に執著しているため、真の悟りは得られないからです。

有川 内外相対論は仏法の入り口であり、この入り口が解らないと、一切が解らず狂ってしまうのです。

インドに於いては、釈迦が生まれる前から、バラモンの教えが中心の民族宗教が普及しておりました。当初は原始人が思考した自然や動植物を擬人化し、自然界のあらゆる事物は具体的な形象を持つと同時に、それぞれ固有の霊魂や精霊などの霊的存在を有するとみなし、諸現象はその意思や働きによるものと見なす信仰でした。

澤登 まさにアニミズムですね。

有川 そうです。そのアニミズムが進化してシャーマニズムになるわけです。これはシャーマンと言って、自らを忘我・恍惚に導き、神・霊魂・精霊・死者の霊、などと直接交流し、その力を借りて託宣・予言・持病平癒などを行う、宗教的職能者を媒介とした霊的存在との交流を中心とする宗教現象のことです。

このようなドグマ的民族宗教のバラモン教を、六師は世界宗教に格上げすることを考えたわけです。そして出した答えが「梵我一如」という思想です。これはインドのウパニシャド哲学の根本思想で、宇宙の根本原理である梵（ブラフマン）と我（アートマン）とが同一であると説くもので、このことを直観すれば六道輪廻を超越できると説いたのです。これは天地自然を擬人化し、逆に人間を擬天化し神に格上げすることに通じる考えと言えます。

しかし、これに対し釈迦は**箭喩経**で次のように戒めています。要約すると、毒矢に当たった病者を囲んで、この毒の強弱はどの程度かと分析を始めた弟子たちに対して、そんなことを客観しているようではダメだ。まず、医者に手当てさせる方が先だと。即ち、客観法では科学の領域から抜けきることはできず、解脱の原理にはなれない、外道義だと破折したのです。

澤登　六師外道は決して遠い昔の話ではないようですね。日蓮大聖人は**佐渡御書**に於いて次のように述べておられます。

「法華経に捨閉閣抛の四字を副えて……笑う者は六師が末流の仏教の中に出来するなるべし」と。

有川　その御文は、念仏宗の法然を指して六師外道の末流であると断じておられるのですが、本門戒壇の大御本尊に敵対し、謗仏謗僧に走る現在の創価学会もこの御文に当てはまり、私は**新型六師外道**と呼んでいます。

六師外道の教義の特徴は、梵我一如であることは先ほど申し上げました。即ち、宇宙の根本原理である梵（ブラフマン）と我（アートマン）とが同一であり、このことを直感すれば、輪廻を超越できると。創価学会の教義もこれと全く同じ考え方なのです。池田大作は、梵を単に妙法と入れ替えただけなのです。そして、梵我一如をまねて「宇宙即我」、「我即宇宙」と大聖人の御書にはない新語を編み出したのです。

澤登　平成二十六年（２０１４）十一月に改正した会則でも「この会は……根本の法である南無妙法蓮華経を具現された三大秘法を信じ」とありますが、梵の宇宙の根本原理を妙法と入れ替えただけですね。

有川　実はこの会則自体に六師外道の邪義が忍び込んでいるのです。このことに誰も気づいていないことが大問題なのです。学会に騙されてはなりません。ズバリ言いましょう。この会則は、**「内外一致の妙法」**という邪義なのです。

現在の学会は、内外勝劣門下の内道に立脚しているふりをしながら、その実、内外一致という間違った妙法観を振りかざして憚らない、ペルソナ（仮面）をかぶった教団なのです。

ですから私は、これから順次、池田大作のペルソナを剥いでいきたいと思います。

澤登　いよいよ、池田大作の六師外道義発言を巡って、真っ向勝負に挑むわけですね。

有川　見過ごすことのできない大テーマですからね。

教典・1　宇宙の根源とは一体どこを指すのか？

有川　私は学生時代に創価学会学生部の幹部として、池田会長の御義口伝講義を月一回一年間受講しました。

そこで毎回のように耳にしたのが、南無妙法蓮華経は「宇宙根源の法」「宇宙の根本法」であり、宇宙の深奥に秘沈していると言うことでした。

そもそも宇宙とは何なんでしょうか。池田はどう理解していたのでしょうか。淮南子の斉俗訓によれば、「宇」は天の覆うところ、「宙」は地の由る所。即ち天地の意とあります。また哲学的には、時間・空間内に存在する事物の全体。また、それら全体を包む広がり、と言われています。物理学的には、すべての時間と空間及びそこに含まれる物質とエネルギーといわれています。多分、池田は単純に、天と地の全体ぐらいに思っていたのかもしれません。

しかし、宇宙をどのように定義しようとも、南無妙法蓮華経は宇宙の根源とか、宇宙の深奥に秘沈していると断言するからには、宇宙の根源とはどこを指すのか、また、宇宙の深奥とはどこなのか、答えられるのであれば教えてほしい。

そして、根源というからには、表面あっての根源ですから、表面が無ければ可笑しい。では、宇宙の表面とは何処を言うのでしょうか。答えられますかねェ。

澤登　仮に、宇宙に表面があったとしても、その外側も宇宙の中に入ってこなければ宇宙にはなりませんから、宇宙の表面はどこまで行っても無いということになりませんか。

有川　要するに、宇宙については、ここが表面だとか中心だとか分別特定することは、一切できない無分別のものなのですね。

澤登　アメリカの理論物理学者ガモフは、原子核のアルファ崩壊に初めて量子理論を応用、恒星の進化、天体の構造、元素の起源などを研究し、宇宙は１３８億年前のビッグバン（大爆発）による高温・高密度の状態から膨張して出来たのが始まりだと提唱しています。

有川　釈迦は法華経の寿量品に於いて

「是の諸々の世界は、無量無辺にして、算数の知る所に非ず」と述べています。

そして、宇宙は今尚、膨張を続けて変化しているわけですから、宇宙の表面や根源がどこかを特定できるはずがありません。宇宙の形状や大きさは、天文学者を含め誰一人理解できてはおりません。したがって、宇宙という言葉が出てきた段階で、理解不能の話になってしまうのです。

澤登　そうであればなおのこと、池田の宇宙と仏法を絡めた話は、何の根拠もないナンセンスな発言というしかありませんね。

如何に科学が進化しても、こと宇宙の問題は神秘に満ち満ちたことが多く、謎だらけです。池田はそこに着眼し、勝手な自説を言い出したような気がしてきました。

有川　誰もが分からないようなことを、確信をもってこうだと断言する、しかも、仏説に無いことですから、自説に仏説を合わせるという大胆不敵な行為と言わざるを得ない。

元々、釈迦と日蓮大聖人は、宇宙を相手にはしておりません。あくまで己心の法を説いているのですから。

澤登　ということは、池田は元々、釈迦や大聖人の教えを信じていない人物なのかもしれませんね。

有川　さあ、そこなんです。妙法の一念三千の理法は、神秘論ではありません。じつに理路整然とした因果の理法です。それを宇宙の根源法などと、神秘的で不可解なものと混ぜ合わせたわけですから、大聖人から見ればはなはだ迷惑千万、邪義謗法と叱責されることと思います。

日蓮正宗の信徒になる前は、唯我独尊的な真言宗の檀家だったと聞きますので、唯我独尊的なカルマを浄化できず、本当は自分以外の者は信じない強情な人物なのかもしれません。ちなみに、著名人の池田評には次のようなコメントがありますね。

石原慎太郎（元東京都知事）

「悪しき天才、巨大な俗物」（週刊文春）

桑原春蔵（元学会幹部・大田区議）

「政治権力を握って天下を取るといった姿勢は、もはや信仰者ではない」

澤登　小説家の池波正太郎は、

「池田大作はしきりに対談や座談会などで『私は江戸っ子ですから』と言うだろう。本当から言えば大森海岸の江戸っ子なんてありゃしない。だから、ああいうのを『場違い』と言うんですよ」（「男の作法」）。

教典・2　「宇宙根源実在法」では人法一箇の妙法を否定することになる。

有川　日蓮大聖人の仏法は、必ず人即法、法即人で、南無妙法蓮華経という妙法は大聖人の御尊体を離れて他に存在することは絶対に無いのです。大聖人は、「自受用身（大聖人）即一念三千」「一念三千（南無妙法蓮華経の法）即自受用身」と説き、人と法は切り離してはならない一箇（一体）のものであることを強調されています。

したがって、信徒が拝む御本尊は、

「日蓮が魂を墨に染め流して書きて候ぞ」とあることから、生身の大聖人と拝しているものであり、単なる物ではないのです。

澤登　そうしますと、南無妙法蓮華経という法が宇宙の根源に実在すると説く池田の「非仏心の妙法観」は、池田の最大勝手な妄想になりますね。

有川　もし、南無妙法蓮華経が宇宙の根源法であり、自然存在であるというのであれば、宇宙が出来たビッグバン以前は、一体どこにあったというのでしょうか。あり場所のない存在などあろうはずがありませんからね。

この問題について日蓮正宗第六十五世の日淳猊下は次のように述べておられます。

①宇宙に遍満する妙法の理が題目であるとの考えは、大変な誤りであります。

②南無妙法蓮華経は仏身であります。実際には仏の御智慧のうちにのみ厳然として具はり玉ふのであります。

③末法今の時、妙法蓮華経は大聖人の御尊体を離れて他にはないのであります。もしありとすれば、それは理でありまして事ではないのであります。理はついに理でありまして、事実の上での功力はないのであります。と。

澤登　池田は「日蓮大聖人は宇宙の根本法則を一幅の曼荼羅に御図顕なされた」と言っておりますが、これは同氏一流の思い込みによる我見であり、大聖人の教えではありませんね。

有川　そうです。大聖人は御義口伝に「本尊とは法華経の行者の一身の当体なり」と仰せられています。即ち、曼荼羅（本尊）とは大聖人御自身であり、大聖人（人）を離れて南無妙法蓮華経（法）は他になく、大聖人はそのまま南無妙法蓮華経の御当体なのであります。

ですから、妙法は宇宙の根源に実在するという「有る法」ではなく、本有無作の無為法であり、無作の根本法は大聖人の己心にしか無い、という認識を持つことが大原則になるのです。

澤登　もう一つ言っておきたいことがあります。妙法は宇宙のビッグバンがあったと言われる138億年前からずーっと、宇宙のどこかに実在していたというなら、宇宙が宗祖大聖人の本地になりませんか。そうなると、大聖人は妙法を体得すべく宇宙から御出現されたことになり、事実関係から見ると、宇宙が本地で大聖人は垂迹の迹仏になってしまいます。

有川　とんでもない邪義である事が分かりますね。学会の新会則について原田会長は

「大聖人は、宇宙と生命に内在する根本の法を南無妙法蓮華経であると明らかにされました」と説明しておりますが、これは、池田の「宇宙実在根源法」の邪見に右習えした会則であり、即刻廃止しなきゃダメです。

ここで明らかにしておきたいことは、仏法用語を存在化した解説は、一切が邪道であり妄見だということなのです。大聖人は次のように述べておられます。

「若し己心の外に法ありと思はば全く妙法にあらず……一生成仏叶いがたし」（一生成仏抄）と。

澤登　学会員は成仏できないということですね。

教典・3　覚知法（悟り）の妙法は、科学者の発見の対象にはなり得ない。

有川　池田は、己心の法を説いた大聖人の妙法を、勝手に外に持ち出して「宇宙の根源法」だと言い出しました。即ち、南無妙法蓮華経は大聖人の心外に存在する「有る法」だと言っているわけです。

このような実在論と言うのは、古代ギリシア時代、インドではバラモンの時代からあった思想で、「事物は認識主観の外に存在し、変わらないもの」と主張しました。

これに対し釈迦は「諸行無常」と言って、「万物万象には常住性はなく、必ず変わるものだ」と説き、事物の実在を否定したのです。

同じく大聖人も、妙法は客観上の実在の法ではなく、知る法、即ち覚知法（さとりしるほう）であることを説きました。

したがって、もし、池田が言うように、南無妙法蓮華経が天然自然の宇宙の根源（どこかわかりませんが）に実在する法ならば、それは悟りの対象ではなく、発見の対象ということになり、自然科学者が発見すれば済む話になってしまうわけです。

澤登　そうなれば、久遠元初において大聖人が、万人先達の御本仏として、転迷開悟する必要はなかったというおかしな話になる。

有川　同時に、門下の仏道修行も不要ということになり、仏道修行なしで成仏できるとでも言うのでしょうか。

澤登　ひょっとして、学会はこれまで否定してきた浄土宗で説く極楽浄土も、西方十万億土の宇宙の彼方に、実在すると認めかねない話に繋がるかもしれませんね。（笑い）

有川　現実に、妙法が自然科学者によって発見されたという話は聞いたことがありません。あるはずがない。何故なら、妙法は客観できる有る法ではなく、覚知法ですから仏という覚者の手を借りなければ存立できない法なので、科学者が発見することは絶対にできません。

澤登 そもそも、妙法が有る法であるならば、姿・形等、人間の五官の目でみることができることになります。しかし、妙法は目で見ることは出来ません。

また、妙法は、仏がいなければ成り立ちませんからね。

有川 そこがポイントで、あくまで人間あってこそなんですね。正とか邪とか、六道とか二乗・菩薩があるわけで、仏様があって妙法があるということは、妙法とは己心の法である、ということなのです。

仏法の基本は、内外相対の内道の話をしているわけで心外の法を相手にする池田の考えは、これ正しく六師外道義であり邪義謗法なのです。

澤登 そこでお聞きしたいのですが、我々が大聖人の御本尊を拝み、境智冥合することによって、己心に仏界の生命を湧現させることが出来るわけですが、顕われた仏界の生命は実在と言えるのでしょうか。

有川 いや、実在ではありません。敢えて言うならば、**仮存**であり、**実存**です。胸中の肉弾に顕われた仏界の生命は、因と縁が縁起して仮りに和合して顕われたもので、仮存であり実存といえるのでありますが、御本尊を離れ縁が代われば即座に消えて、他の十界の生命に変わります。仮存や実存は目に見えませんから、空仮中の三諦でいうなら、空であり中であると言えます。即ち、有ると言えば無い、無いと言えば有る。この有るか無いかの世界、これは実在とは言いません。実存です。大聖人様の時代には実存という言葉は日本にはなかったのです。

澤登　よく分かりました。

教典・4　仏法は「一心法界」を説くが「宇宙法界」は説かない。

有川　池田は「仏界を湧現した生命は全宇宙へと遍満し……」と述べ、「宇宙法界」という新語を創り出しました。しかし、仏法で説く法界とは「一心法界」（**法華経**）、「唯心法界」（**華厳経**）とだけあって、「宇宙法界」とは説きません。なぜなら、仏法は必ず一心法の世界を説いており、器世界の宇宙を指して云々することはないからです。

もし、池田が仏法を理解し、仏法の立ち位置を厳守する正真の信者であるならば、「宇宙法界」論は一代迷妄でありますから、決して口に出してはならない事なのです。

釈迦は、無形存在に関することを、著有・有論の形而上学で説くのは六師外道義でありダメだと強く戒めています。

澤登　今日、「宇宙法界」を口に出しているのは、日本に於いては入唐して恵果に学んだ真言宗の空海です。彼は大日如来を「永遠の宇宙仏」と立て、「宇宙法界」を説いています。また、国柱会の田中智学なども宇宙法界論者でした。池田は彼らと同類ということになりますね。

有川　池田は、仏説に無いことを平気で口にする人物です。また、本部幹部会でのスピーチでは、世界中のあらゆる著名人の言葉を引用し、それを自説の正当化に利用して自慢するシーンはたびたびありましたね。

澤登　池田は、仏界を湧現した生命は、全宇宙へと遍満すると言っておりますが、この点については如何ですか。

有川　一念心は光速よりも早いと思っているのでしょうかね。

太陽系を含む銀河系は、円盤部の直径が十万光年の天体と言われています。例えば、釈迦の一念の速度が光速と同じとしても、御誕生から今日までに届いた先は凡そ二六〇〇光年ですから、十万光年には程遠く、この銀河系さえも抜け出ることは出来ていません。

宗祖大聖人の御一念は八〇〇光年ですから、十万光年には届きません。しかも、銀河系は一つだけではなく、バナナのような形をした島宇宙が、無数にあると言われていますので、全宇宙へ遍満するとは言えませんね。これまた思い込みです。

澤登　一心一念は微小なものだと思いますが、それが三段ロケット並みに地球の重力を振り切って、外へ抜け出るだけのエネルギーがあるとは私には思えません。

有川　仏法で言う法界とは、あくまで一心法の世界であって、「一心所具の宇宙」「己心所具の宇宙」を説いているのです。池田は、仏法の法界を「客観法の宇宙」と間違って捉えているのではないでしょうか。

澤登　大事な問題ですね。

有川　もっと言いましょうか。池田は二十世紀において、「我即宇宙」「宇宙即我」論を説き、「一心法界」ならぬ「宇宙法界」という仏説に非ざる虚妄法の新語を創り出した人物として、後世の歴史に汚名を残すことになると私は思っています。なぜなら、これは、六師外道義の梵我一如と同じ考えだからです。

くどいようですが、「宇宙即我」と「我即法界」とは、根本から違うのです。宇宙は法界ではなく、法界の素材でしかないのです。「宇宙即我」は仏説に無い邪義です。しかし、この邪義が学会員には大受けし、心に深く染込んでいるから始末が悪いのです。法界とは御義口伝にもありますが、相性体の三如是、即ち己心の法である十如・十界・三世間の一念三千の法（界とは差別）のことなのです。

大聖人は、このような仏説に無いことを説く人物には警戒するよう、次のように述べておられます。

「然るに人皆・経文に背向き世悉く法理に迷えり汝何ぞ悪友の教へに随はんや、されば邪師の法を信じ受くる者を名づけて毒を飲む者なりと天台は釈し給へり」（**持妙法華問答抄**）

また曰く

「我が身中の心を以って仏と法と浄土とを我が身より外に思い願い求むるを迷いとは云うなり」（**三世諸仏総勘文教相廃立**）

教典・5　御本尊以外の宇宙のリズムに合致するとは何事か！

澤登　池田は、法華経方便品・寿量品の講義でこう述べています。

「本来、わが生命も諸法実相であり、御本尊なのです。ゆえに御本尊を拝するとき、宇宙とわが生命がダイナミックに交流しつつ、自身の本来の『実相』すなわち南無妙法蓮華経の当体としての姿に輝いていくのです。」と。

この考え方に私はしっくりしないのですがどうですか。

有川　大宇宙のリズムと我が身の生命が、ダイナミックに交流することによって、自身の南無妙法蓮華経が輝いていくとの考えですね。これは可笑しい話です。我が身の南無妙法蓮華経は、御本尊と境智冥合してこそ輝くのであり、そこに何故、宇宙の生命のリズムを持ち出して介在させるのでしょうか。

池田は、過去の言動から「宇宙には妙法のリズムがあり、これに合致することが成仏だ」と指導しています。ならば伺いたい。この「宇宙のリズム」とは、いかなる存在のリズムなのですか、と。人間の六根である眼・耳・鼻・舌・身・意の内、どの根での把握対象なのですか、と。もし、宇宙のリズムは色・音・香・味・触の五根で把握対象のリズムだと言うのであれば、地獄界から人界までを出でずであり、仏眼・仏法に達することはあり得ません。

もし、宇宙のリズムが存在法のリズムというのであれば、一例を挙げるならば、四季の循環のような俗諦（六道の諦）を出でず、であり、これまた仏法とは何のかかわりもありません。

もし、宇宙のリズムとやらが覚知法（知る法）のリズムというのであれば、これは人間が関わったうえでの縁起存立法であるから、宇宙には存在として有るという道理は無い。

そもそも日蓮大聖人は、大宇宙の生命のリズムなるものを御本尊として顕されたのではなく、御自身の御本仏としての御内証を一幅の御本尊として顕されたのであります。

この点についてもまた、池田は大聖人の教えには無い珍説・妄見を晒しています。そもそも、御本尊以外のものに合致するとは何たることを言うのでしょうか。御本尊以外の他のものに、仏界の生命が顕われているものは無いのです。しかし、池田は「全宇宙が諸法実相であり御本尊だ」と勝手に思い込んでいるようなのです。

澤登　似たようなことを御義口伝講義でも述べています。「すべての生命誕生の本源は、大宇宙であり、大宇宙の生命とは、すなわち南無妙法蓮華経であり、空諦の本尊とも言う」と。

有川　大聖人の信心の対象は宇宙ではありません。あくまでも己心を説いた法門であり、御自身の仏界の魂を顕した本門戒壇の大御本尊に合致することによって、即身成仏の大功徳を得ることが出来るとの教えが根本なのです。

澤登　そうしますと、「勤行を通して、小宇宙である自分自身を大宇宙の最高にして最強のリズムに合致させていけるのです」という指導もまた、彼の我見ですね。

有川　御本尊の功徳が宇宙のリズムに合致して拡大されるなどと、まるで、宇宙のリズムがスピーカーのように仏界の生命を拡大させるような話は、御書には無い彼の我見です。

澤登　しかし学会員は、皆この指導を鵜呑みして、宇宙のリズムに自分を合わせよう合わせようとしています。対面する相手は御本尊ではあっても、心は宇宙に向いている。これでは正しい勤行とは言えませんね。

有川　変な人たちですね。宇宙に南無妙法蓮華経のリズムがあると思っているから、そういう浮ついた唱題になるのですね。悲劇です。南無妙法蓮華経のリズムが宇宙に実在するのであれば、このリズムを捉えて聞けるはずですが、聞けたという体験を聞いたことがありませんね。**立正安国論**には

「是れ偏《ひとえ》に私曲の詞《ことば》を展《の》べて全く仏教の説を見ず」とあります。

澤登　また、**「真言見聞」**には

「妄語胸臆の浮言にして荘厳己義の法門なり」とあります。

教典・6　「内外一致の妙法」を説くことは天下第一の「逆上法門」

有川　仏法とは何か。一言で言うならば、「己心の法」を説いたものである。即ち、「心外の法」を説く外道義ではなく、終始一貫して内道、即ち、「己心の法」を説いていると知ることが大原則なのです。

日蓮大聖人の御書**（三世諸仏総勘文教相廃立）**には

「八万四千の宝蔵は、我が身一人の日記文書なり」とあります。

「八万四千の宝蔵」とは、釈迦一代聖教のすべての法門のことです。

「我が身一人の日記文書なり」とは、「是れ皆悉く一人（釈迦）の身中の法門にて有るなり」と述べています。

さらに、同御書には

「我が身中の心を以て仏と法と浄土とを、我が身より外に思い願ひ求むるを迷いとは云うなり」とあります。

さらに、**蒙古使御書**には

「所詮・万法は己心に収まりて一塵も欠けず九山・八海も我が身に備わりて日月・衆星も己心にあり」とあります。

この御文は、万法や山・海・衆星など外界のすべての物は大聖人の己心に収まっているとして、仏法は己心法界、一心法界を説くものであることを示唆しておられるのです。ということは、仏法は心外の宇宙を説くものではないと明言されているのです。

澤登　大聖人がそこまでハッキリおっしゃっているのに、池田はどうして心外の宇宙論を展開してしまうのでしょうか。

有川　そうした考えの根底にあるのは、宇宙も人間も五大種、即ち、地・水・火・風・空の五つの要素から出来ているとの認識があるからかも知れません。

確かに、人間を含め、一切の万物・万象を構成しているのはこの五大種です。しかし、五大種はあくまでも素材でしかないのです。この五大種に色心の生命を託したのが人間であり、その人間が己心に仏界を顕してこそ、初めて妙法になるのです。

ところが、池田は、宇宙の地水火風空の素材そのものの根源に、妙法があると勝手な思い込みを言うものですから、仏法ではなく外道義になってしまうわけです。

仏法で説く十界互具・十如是・三世間の一念三千の妙法は、一人称命題の法であり、しかも、過去念でもなく未来念でもない、徹底して瞬間瞬間の現念に集中した己心の法なのです。

一方、池田が説く心外の法は、三人称命題の法であり、覚知法（知る法）である妙法を客観法で説明しようとする科学論の俗諦に堕しているのです。これでは仏法ではなくなり、思い込みの自説に仏法を合わせ説くことは、大謗法になります。

澤登　日蓮大聖人は、一切の宗教・哲学・思想を比較検討し、その高低・浅深を判釈する規範の原理の一つとして、五重の相対を説かれています。その最初にあるのが内外相対ですね。即ち、内道（仏教）と外道（仏教以外のすべての教え）の勝劣を判釈するものです。

その結果は、内道である仏教は、三世にわたる生命の因果の法則を正しく解き明かした教えであるのに対し、外道はこうした生命の因果をわきまえ知ることがないので、内道である仏教の方が優れていると判釈されるわけなんですね。

有川　内外相対の括りはまさに仏教の入り口であり、この入り口が解らないと、一切が分からなくなり、狂った信心に堕してしまいます。まさに内外相対は仏法の基礎論なんですね。

一般に外道では、実体とか本質を説きますが、内道である仏法では空間を基礎とする無実体・無本質を説くのです。この俗諦の外道と真諦の内道の両者の比較が内外相対であり、捨てるべきは捨て、取るべきは取ることが大事なのです。

そこで、池田は、大聖人の己心にしかない人法一箇の南無妙法蓮華経を、「宇宙が御本尊だ」とか「宇宙のリズムに自分を合致させるんだ」等々の発言をして、内外一致の妙法という珍説・邪義を学会内に定着させてしまったのです。内外勝劣の大聖人門下の判釈を否定したわけですから、これは一大事であり、見逃すことは出来ません。

澤登　内外一致の外道義を行ずる者に対し、天台大師は、実に厳しい言葉を発しています。

「もし重を犯ずる者は仏法の死人なり」

「畜生（＝癡）の法を習い白浄第一の荘厳を棄捨す」

「もしその心に念々に眷属多からんことを欲し、海が流れるを呑むがごとく、火に薪を焚くが如くして、中品の十悪を起こすこと調達（提婆達多）を誘うが如くなるは、これ畜生の心を発して血途（互いに食い合う事）の道を行ずるなり」と。

また、大聖人は

「但し妙法蓮華経と唱え持つと云うとも若し己心の外に法ありと思はば全く妙法にあらず麤法なり……多生曠劫の修行を経て成仏すべきにあらざる故に一生成仏叶いがたし」（一生成仏抄）と。

有川　学会員が「没在於苦海」とならないよう、折伏し救ってあげましょう。

教典・7　無念の妙法、非念の妙法では一念三千にはならない。

有川　仏法の神髄は、十界、十界互具、百界千如、一念三千の極理に適って、六道輪廻の迷える凡夫が悟りを得て、仏になることにあります。

具体的には、仏界の生命を所持された御本仏日蓮大聖人が、わが魂として建立（御図顕）された人法一箇の大御本尊に、帰依（縁起仮和合）することによって成就できるわけです。なぜなら、妙法即ち大御本尊は、大聖人の金色の仏体そのものであるからです。

大聖人は「本尊とは法華経の行者の一身の当体なり」と述べておられます。大事なことなので繰り返しますが、南無妙法蓮華経は必ず人法一箇の仏身なのに、池田は、人と法を分離させ、宇宙の根源に妙法が有る、また宇宙に妙法のリズムがある、という妙法外在論を唱え出したのです。

澤登　それは、非仏身の妙法を説く「池田式謗法パラダイムシフト」と言えますね。

有川　さすがコラム研究家澤登さんらしい的確な表現です。正しくインドの六師外道達が説いた「梵我一如の末法版」そのもので、「内外一致の心外法」の見本です。

澤登　日蓮正宗の猊下が御指南されておりますように、妙法は必ず仏身なのに、仏身から離れた宇宙に備わっているとか、宇宙が当体蓮華だと説く池田の「妙法個在論」は「天下第一の逆上法門」ですね。

有川　その通りです。仏身から離してしまっては、迹理・抽象理でしかない。存在としては架空存在でしかない。

人間や動物は有情界であります。有情の情とは心の意であり、有情とは、感情や意識を持つ全ての生類を指しています。しかし、この有情界の一念の心に十界互具・百界千如・一念三千が具していると言えば、仏界の生命は必ず仏身以外には無いわけですから、理としてはあっても、事としては顕われることはありません。

かたや、宇宙や山川草木等は、非情界に属し、無心のものであり、情も感覚も心も無いものです。

ということは、池田が宇宙の根源に妙法が有ると言っても「無念の妙法」「非念の妙法」

では、一念三千の妙法にはなりません。それなのに、どうして仏身を離れた宇宙の根源に、一念三千の妙法が存在するなどと言えるのでしょうか。

一方で池田は、「一念三千は情・非情に亘る」とか「草木成仏」とか「一色一香無非中道」等の大聖人の御文を見て、人の外側の環境、即ち、宇宙にも一念三千の妙法が個在していると思ったのかもしれません。

しかし、これらの御文の意味は、大聖人が自身の己心に宇宙を取り込んだ時に、すべての情・非情が一念三千の妙法になるという一心法界・己心法界を説いたのであり、体外の情・非情についての宇宙法界を述べたものではないのです。

それ故、次のような御文があります。

「夫れ以《おもんみ》れば此の妙法蓮華経は一代の観門を一念にすべ（て）十界の依正を三千につづめたり」（衆愚問答抄）と。

まさに、一心法界の一念三千の妙法であることを説いておられるのです。

さらに、

「当に知るべし依（色法・享保・鸁法・非乗法）正（心法・智法・根法・情法）の因果、（縁起）は悉く是れ蓮華の法なり」（当体義抄）

この意味は、依報と正報が縁起しなければ、依報単独では妙法にはならないと述べておられるのです。

天台大師も

「一切法は皆因縁の所成なり」（**法華玄義**）と述べ、個在の反対が因縁だと明言していま す。そして、この舞台の上に三千の法が縁起して、

「此の三千・一念の心に在り」（**摩訶止観**）と述べ、

「心無くんば（因縁が離散してしまうから）而已《やみなん》」となると。

このように、一念三千の妙法は、実有個在ではなく、日蓮大聖人の心法の因と色法の事物事象とが縁起仮和合しないかぎり、決して起こらないのです。

澤登　確かに、一念とは、瞬間瞬間の心の作用を言うわけですから、個在の山川草木や宇宙の事物に一念があるとは言えませんね。

有川　宇宙は無念、宇宙は非念の存在です。無念・非念であっては、一念三千は成立いたしません。したがって、「無念の妙法」とか「非念の妙法」などはありえません。

大聖人が宇宙や山川草木のことを話されるときは、必ず頭に「一身所具の」または「一心所具の」という言葉を省略されていることを、池田は分かっていないのです。

このことは、天台や伝教においても常識になっているのです。

澤登　なるほど、大聖人の一念が関わり、山川草木などが仏心に取り込まれてこそ、妙法

の働きが発生するということですね。

「一念三千・情・非情に亘る」との意味がよく分かりました。自然存在のままの宇宙では、単なる依報としての地水火風空という素材でしかないため、一念三千の妙法にはならないと。

有川　大聖人曰く

「所詮万法は己心に収まりて一塵もかけず九山・八海もわが身に備わりて日月衆星も己心にあり」（蒙古使御書）と。

この意味するところは、大聖人の己心には、宇宙のすべての働きが備わっているということなのですね。

澤登　よく分かりました。

教典・8　空仮中の三諦を否定する大謗法。

有川　天台大師は、妙法の真理を、空仮中の三諦といって、三つの視点から真理を明らかにしました。諦とは、真実にして明らか、との意であります。そして、「三諦に訳せざれば理を摂ること周《あまね》からず」と言い、空仮中の三方面から見ないと妙法の理論構成は理解できないと述べているのです。

始めに空諦とは、万物（ここでは妙法）の性分の事で、普遍的な実我はなく、空であるというのです。これは有であるとする考え方を否定するところにポイントがあるのです。

次に仮諦とは、あらゆる諸法・万法（ここでは妙法）は、常に変化してやまず有為転変し、因縁によって仮に和合しているという真理観のことを言います。

中諦とは、あらゆる諸法・万法（ここでは妙法）は空でもなく仮でもなく、また、空でもあり仮でもある、即ち、言語や思想を超越した絶対的なものであると言うのです。言うなれば、空諦と仮諦の二辺に執著しない中正のところに真実があるという意味です。

大聖人はこのことを「中道一実の妙体」とおっしゃり次のように説明されております。

「一念の心を尋ね見れば有りと云はんとすれば色も質《かたち》もなし又無しといわんとすれば様様に心起る有と思うべきに非ず無と思うべきにも非ず、有無の二の語も及ばず有無の二の心も及ばず有無に非ずして而も有無に偏して……」（一生成仏抄）と。

このように、妙法、即ち、仏の一念は、空仮中の三諦を備えていると説かれているのです。しかも、この三諦は独立した真理と捉えるのではなく、互いに一諦の内に三諦を備えている（円融円満の三諦という）ということ。即ち、仏の一念である妙法は円融円満の三諦であると説いているのです。

澤登　これに関連して池田は、
「全宇宙が諸法実相であり、御本尊なのであります」とか
「御本尊は中諦の本尊で、大宇宙は空諦の本尊で、中諦の御本尊を通して（拝んで）大宇宙の空諦の妙法に感応すれば、我々も仮諦の本尊になれる」と言っておりますが、これについてはどう思われますか。

有川　何ともおかしなこじつけ「三諦作仏論」ですね。空仮中の三諦は、天台大師が摩訶止観で説いたのですが、主題は仏の一念の心をテーマにしたもので、宇宙を相手にしたものではない。

一念の心というものは真に不思議なもので、まず、目で見ることが出来ません。また、人間の体のここにあると指し示すことも出来ません。その意味では当に無です。しかし、本当に無いのかというと、様々な因縁に仮和合して、様々な心が起こるわけですから、無いとは言えず有り、なんですね。このような非無・非有の状態を空諦と言います。

さらに、非無・非有の空諦は、その先を観心操作しますと、結論としては無であり、有であるとなるのです。即ち、亦無（無であり）亦有（有である）ということになります。

このような仏法独特な観心操作を「四句分別」というのです。即ち、

一、有　　　　（有る）

二、無　　　　　　（無い）
三、非有非無　　　（有に非ず無に非ず）
四、亦無、亦有　　（無であり有である）と。

澤登　四句分別の観心操作ですか。仏法の教えは深いですね。

有川　このように、妙法が妙法たる所以は、空仮中の三諦が円融円満して相即していることが証明されるかどうかで判定されると言うことなのです。ということは、四句分別の観心操作が可能であることからも、妙法であることが証明されると言う事でもあるわけです。四句分別の観心操作は、日蓮大聖人の御本尊を保つことが大前提であります。即ち、日蓮門下の中道の実践とは、御本尊を信じ、唱題を重ねることによって境（御本尊）と智（衆生の智慧）が仮に和合し、本来、空の状態で冥伏していた己心の十界の生命、就中、究極の仏界の生命が湧現し仮存（実存）するわけです。要するに、境・智、依・正、情・非情、それぞれの上下二支が縁起仮和合しない限り、仏界を含む十界は生起しないのです。

だからと言って、妙法即ち仏界を含む十界は、人体内に各内臓器官が具わっているように、見える形で具わっているわけではありません。こういう具わり方を非具（具に非ず）、不非具（非具でもない）というのです。即ち、有ではなく、非有非無（有に非ず無に非ず）空（諦）にして中（諦）なのです。

これでお分かりと思いますが、妙法の理は空仮中の三諦なのです。具体的には、縁起仮和合して生起した妙法は、個在ではなく空有・中有であるということなのです。もし、これが個在なら、妙法は空にも中にもなれません。ということは、池田が説く「妙法は宇宙に（個在）する根本法」と言ってしまったのでは、空にも中にもなれませんから、妙法は空仮中の円融円満の三諦であることを完全否定しますから仏法ではなく、六師外道義の邪義であり謗法になります。

澤登　さらに池田は、

「大宇宙の根源は宇宙それ自体であり、なにものかによって造られたものではなく、もともとから存在する実在であり、未来永劫に変化しつづけながら存在する大生命体である。これを名づけて妙法蓮華経というのである」と言っておりますが、これについてもコメントをお願いいします。

有川　この考えは、大宇宙の根源も宇宙それ自体であり、未来永劫に変化しつづける大生命体であり、それを妙法と云う、との自然存在論になりますね。

自然存在論であるならば、実有・厳有の有論であり、実有・厳有の有論では、空にも中にもなれませんから、妙法は空仮中の三諦であるという仏説を否定する謗法になります。

澤登　結局、池田は、非情の宇宙を生命体と考え、その根源に妙法があるという、仏説に無い「宇宙法界論」を展開したわけですね。非情で有情を説明しようとする可笑しさに気付いていないということが分かりました。

教典・9　仏法の肝は宇宙論ではなく、身口意の三業を磨く「人の振舞い」。

有川　仏法は「身口意の三業」の因果の理法を中心テーマに取り上げた教えであります。天台大師は「一切法は皆因縁の所生なり」と言っているように、仏法の出発点は縁起であり、根底のところは己心の法なのです。

己心の法は客観の法ではなく、観念論でもなく、仮有・実存の法です。しかし、実存の法は存在の法ではありません。時々刻々と変化する、瞬間々々の心そのものを問題とするのが仏法なのです。客観化したり過去の心に捕われていては仏法ではなくなるのです。

カルマ即ち、業の法則は、その人の現念を主とする一人称の世界を説くものです。人間の心から離れて、外側から眺める態度は、客観的な学問の世界であり、三人称の世界になります。したがって、池田の妙法論は客観論であり外道義になります。

身口意の三業の因果の理法を考えるにあたって知っておくべきことは、因とは果報の結果を生ずべき内的な直接の原因をいい、因を助けて結果に至らしめる間接の原因を縁と言います。即ち、一切の現象は、因と縁が和合して消滅を繰り返すということです。

ところが、創価学会の教学では「縁とは外から因に働きかけ、結果へと導く補助的な原因」とだけ言っておりますが、この説明は浅く不十分で、縁は必ずしも外的なものばかりではないことを彼らは分かっていないのです。

縁は業依・業境・業縁の三重構造になっているのです。

澤登　初めて聞く言葉です。

有川　まず、業依とは、過去遠々劫から自身が積み重ねてきた六道のカルマ（業）が、意根に纏わりついて、汚染しているものを指し、これが強力な内因になるのです。

天台大師は「強きものは先に牽く」と言っているのですが、いわば癖になっているような強いものですから、新たな善因を積もうとしても、その強い業依に牽かれてしまい、大半の人は同じ失敗の人生を繰り返してしまうのです。悪果を善果に変えるには、業依という強力な内縁に負けない覚悟の信心が必要なのです。

業縁とは、志《こころざし》のことで、これも内縁になります。

業境とは、五官（眼・耳・鼻・舌・身）の対象となるもので、山川草木などは縁の素材です。五官が働くと五根が生じます。その五根を操るのが意根です。意根が五官を差し向けた対境が外縁の業境です。業境は業依・業縁を善悪に仕向ける相手なので外縁になります。

　このように、縁は外縁より内縁の占める割合の方が大きいということを自覚することが必要なのです。

澤登　業依にこびり付いた過去遠々劫の悪果を、善果に変える徹底した信心修行が大切であることがよく分かりました。まさに、此れこそが罪障消滅の戦いなのだと。

有川　仏法は宇宙を説くものではありません。過去・現在・未来と、縦に三世を貫く身口意の三業による行業因果が最重要課題なので、人間から離れた心外の法であっては何の価値も無い事を知るべきなのです。

　さて、そこで得られる境涯は十種類あると仏は説いているのですが、その内容を説明していただけますか。

澤登　了解です。

①　地獄界　地は最下層、獄は苦しみに拘束され身動きが出来ない境地。
②　餓鬼界　激しい欲望に身も心も囚われている境地。
③　畜生界　目先の事に囚われ、理性がなく本能的な欲求だけで動く。また、強者を恐れ弱者を侮る。（この三つを三悪道という）
④　修羅界　勝他の念が強く、自己中心的な自我。（この四つを四悪道という）

⑤　人間界　平静に物事を判断、和を好む。

⑥　天上界　歓喜に満ちた状態。しかし、一時的・表面的で長くは続かない。（ここまでを六道と言い、迷いの生命なので脱することが出来ず六道輪廻すると言う）

⑦　声聞界　仏の声教の理を聞いて煩悩を断じ、悟りを得ることを志向する境地。

⑧　縁覚界　自然現象を縁とし、悟るので縁覚と言い、無仏で一人悟る故に独覚ともいう。（声聞・縁覚を二乗と言い、何らかの悟りを得て六道を超越した境地。しかし、その悟りは自行・自利・利己に基づくものに過ぎない）

⑨　菩薩界　利他の実践、一切衆生を救済しようとする慈悲の境地。

⑩　仏界　円満自在の仏の境地。委細に三世を知るという。

有川　確かに、人間の境地を観察しますと、この十界のどこかに属していることが分かりますね。カトリック教などでは、地獄・煉獄・天国の三つしか分析しておりません。地獄界から天界までの六道については、四、五千年前に、パンジャブ方面からインドに入ってきた、アーリア人の民族宗教に於いて語られていたようです。天界については、欲界・色界・無色界・第六天の魔王が棲む他化自在天など、階級別の暮らしぶりを細かく分析することが好きなインド人が割り出したものと思われます。

そして、この十界というのは、縁起仮和合して現れる己心の実存で、瞬間々々変化するもので、客観的にあるものではありません。問題は何界が現れるかが最大の関心事になるのですが、それは十如是で決まるのです。十如是とは何か、説明をお願いします。

澤登　了解です。

①　如是相　「如是」とは「かくの如く」と読み、「このような」という意味です。相とは表面に現れて絶え間なく移り変わる表相のこと。

②　如是性　内にある性分。

③　如是体　相と性を備えた主体。

④　如是力　内在している力。

⑤　如是作　内在している力が外在化して、他に働きかける作用。

⑥　如是因　内在している結果を生み出すダイレクトな原因。

⑦　如是縁　因に働きかけ結果を促進させる間接的な原因。

⑧　如是果　因と縁が和合して内面に生じた結果。

⑨　如是報　内面に生じた善悪の因果が報いとして外に現れる。

⑩　本末究竟等　「相」から「報」までの九つの如是が一貫性を保っているとの意。

以上です。

有川　ありがとうございます。

そこで、さきほどの十界を外面とすると、何界が現れるかは、どんな十如是を発動したかによって決まるのです。

澤登　ということは、十界と十如是は表裏一体であるということですね。内面の十如是の肝となる身口意の三業のカルマが、十界の何界になるのか、その行き先を決めるわけですね。

有川　その通りです。言い換えるならば、十界のうち何界が現れるかのカラクリを説いているのが十如是であるということなのです。

教典・10　仏法に逆行する「足し算の信心」を辞め、六師外道義を葬る「引き算の信心」に立ち戻れ！

有川　仏道修行は足し算ではなく、引き算の信心であります。

例えば、悩み事が多く、何とかしなければならないと思っている人は、何故こうなったのか、その原因を考え、「反省操作」をすることを習慣づけることが大事です。

大聖人は

「人の地に依りて倒れたる者の返って地をおさえて起つが如し」（**法華初心成仏抄**）と述

べ、大地に倒れた者は、大地を自分の手で押さえなければ起てないように、倒れた原因は何なのか、それから逃げてはダメだ、と因果の道理を説いています。そして、人が不幸になる原因は十悪にあると説いています。

澤登　身口意の三業に分けておりまして、

●身業には殺傷・偸盗・邪淫
●口業には妄語・綺語・悪口・両舌
●意業には貪欲・瞋恚・愚痴**（倶舎論）**

です。この十悪を行わなければ十善となり、幸福につながるとの教えです。

また、五逆罪という教えもあります。

1、父を殺す
2、母を殺す
3、阿羅漢（聖者）を殺す
4、仏身より血を出だす
5、破和合僧（仏の教団を分裂混乱させる）

（小乗教）

五逆罪を犯せば必ず無間地獄の苦果を受けるとあります。

有川　大聖人は「常の因果の定まれる法」として六つ挙げていますね。

1、形状端厳を謗ればば醜陋《しゅうる》の報いを得

2、人の衣服飲食うばへば必ず餓鬼となる。

3、持戒尊貴を笑へば貧賤の家に生ず。

4、正法の家をそしれば邪見の家に生ず。

5、善戒を笑へば国土の民となり王難に遭う。

（佐渡御書）

問題は、地獄・餓鬼・畜生・修羅等の悪業によって身に付いた垢を、どう流してきれいにしていくか、ということではないでしょうか。これが仏道修行は引き算であるとの理由です。

澤登　それを裏付けるのが次の文証でしょう。

「久遠とは、はたらかさず・つくろわず・もとの儘と云う義なり」（御義口伝）

「一念無明の迷信は磨かざる鏡なり是を磨かば必ず法性真如の明鏡となるべし」

「何様《いかよう》にしてか磨くべき、只南無妙法蓮華経と唱へたてまつるを、是をみがくとは云ふなり」（一生成仏抄）

有川　いいですね。

ここで言う久遠とは、末法今時に於いては、時間的な長遠を超越し、生命に本来具わる無作常住の仏性である南無妙法蓮華経を指しています。

衆生の生命は、過去・現在の行為、外界からの影響によって、様々な業を纏っていますが、その業の奥には生命本来の清浄な仏界の生命があります。ですから、大聖人の御本尊に題目を唱え、身口意の三業の垢を磨き落とす「引き算の信心」が最も大事になるわけです。この引き算の仏道修行が完了した暁に、ダイヤモンドのような仏界の生命が顕われ、絶対に崩れない幸福境涯を確立することが出来るのです。

澤登　「引き算の信心」の大切さが分かりますと、「足し算の信心」が如何に虚しいものかがハッキリと分かりますね。代表的な例が池田大作の世界各国の大学から授賞した名誉博士号や名誉教授称号の問題です。その数405になるといいますから驚きです。どうして自分だけがそんなに沢山もらう必要があるのでしょうか。

一般的には、大学の名誉博士号や名誉教授というのは、その大学の教授その他として永年勤務し、教育上、学術上、顕著な功績があった者に、その大学が退職後に与える称号です。池田の場合、是には該当しません。

また、大学院の博士後期課程や博士課程に進学して得られる博士号でもない。

ということは、よくある例としては、多額の寄付行為、または大量の図書の寄贈をした場合に、その御礼として贈られることが多い称号かもしれませんね。贈る側の大学も、露骨にそうした理由を述べるわけにはいかないので、社会的な功績・貢献を称えて送ることが多いのが通例です。

有川　それと、授賞式のやり方ですが、頂く側の池田は、元気であった時から相手大学には行かず、逆に相手大学の関係者数名を創価大学に恐らく顎足付きで招待し、大勢の創大生を前にして大々的にセレモニーを行ってきましたが、なにか自分を偉く見せようとする自己顕示欲の姿が見え見えでしたね。

澤登　池田のように、世間の評判・名誉地位・金・権力・贅沢等、世俗の名聞名利を追い求め、自分を偉く見せようと着飾る姿は正しく、ごてごての「足し算の信心」の見本ですね。

有川　「足し算の信心」は心外の名聞名利を求める六師外道義であり、世界各国の有名大学の称号を、いくつ積み足しても、仏界の生命は隠れるばかりで、少しも輝くことには繋がりません。大聖人は

「名聞名利は今世のかざり我慢偏執は後生の紲《ほだし》なり」（**治妙法華問答抄**）と述べ、臨終のときには何の役にも立たず、却って足かせ、即ち邪魔になると戒めておられます。

教典・11 「仏法は勝負」の意味をはき違えた学会女性部の危険な祈り。

有川　創価学会の皆さん、特に女性部の会員は、時として、仏法は己心の法を説くものであることを、全く忘れてしまうことがよくあります。

それは、大聖人が弟子の四条金吾に宛てたお手紙の中で「夫れ仏法と申すは勝負をさきとし」との御文がありますが、池田はこの御文が殊の他気に入っていたのか、機会あるごとに会員に対し「仏法は勝負だ！」「人間革命とは舐められないことだ」などと言っては、いろんな会合で、勝って勝って勝ちまくれ！と檄を飛ばすことが多い。

澤登　確かに学会は他の宗教団体とは違って、戦闘的な人が多いですね。草創期に於いては軍楽隊というのがありましたし、役職名には参謀・部隊長・隊長・分隊長など、軍隊の組織名そのものでしたからね。

有川　そうした戦闘的体質が一番むき出しになって現れるのは、池田名誉会長がマスコミや政治家などから批判され、苦境に立たされた時です。それに対する批判拒否体質は半端ではありません。

澤登　同感です。なかでも私が驚いたのは、池田が平成二年（１９９０）十一月の本部幹部会で、日蓮正宗の猊下を批判してから双方の対立が激化し、池田は信徒除名に付されるわけですが、その頃、学会女性部の活動に異変が起こっていました。

有川 どういうことですか。

澤登 有川さんはその当時、議員だったので、毎月行われる学会の座談会に参加することは無かったかもしれませんが、私は座談会の会場に行ってビックリしたのです。

と言いますのは、仏壇の中に「打倒日顕！」と大書した文字札が立ててあったのです。

座談会の中で女性部幹部の活動報告があり、女性部は午前十時から夕方四時まで、先生を信徒除名にした日顕を退座させるため、リレー式の唱題会を行って参ります、と言うのです。

しかも、このような「日顕打倒」の唱題会は他の地区でも行われているとのこと。これは、藁人形を五寸釘で木に打ち込み呪うという、丑の刻祭りに似た光景でした。

有川 異常というか、恐ろしいですね。日蓮大聖人門下の女性がやることではないと思います。それというのも、元は池田の外道義の勝負観にあるのです。まさに、仏法は勝負だ、日顕に負けるわけにはいかない、という闘争心の現れですね。

しかし、大聖人が述べた「仏法は勝負」という本当の意味は、各人の己心に具している魔と仏の戦いを言われているのです。

即ち、己心に巣食う地獄・餓鬼・畜生・修羅等の六道の生命との戦いに勝って、仏界の生命を現わしなさいということなのです。なかでも、己心にあって成仏を妨げる最強の敵である第六天の魔王との勝負に勝つことなのです。

澤登　御本尊に向かって勤行・唱題をすることは、自分自身の生命を浄化するための反省修行であり人生訓練なのですね。したがって、日顕猊下を打倒するとの祈りは、心外に目的とするものを定めているわけですから、まさに、六師外道の祈りであり、自身の悪いカルマの消滅にはならないことがよく分かりました。

有川　法華経観世音菩薩普門品第二十五に「還著於本人《げんじゃく》」という経文がありまして、法華経の行者に呪いや毒薬で危害を加えようとする者は、却って自らの身にその害を受けることになる、とあります。

現実に私の周辺においても、日蓮正宗の御住職を誹謗した学会の最高幹部の大事な息子や娘が、餅をのどに詰まらせたり、交差点でトラックに轢かれたりして死亡するという痛ましい事故が起きました。また、地方指導の帰りに、百キロ以上のスピードを出して電柱に激突し即死した青年部幹部もいました。

澤登　「還著於本人」恐るべし、ですね。

第四部（対談）

公明党＝創価学会のペルソナを剥ぐ

一、天下取りの野望と総体革命

有川　昭和四十二年（１９６７）一月二十九日に行われた第三十一回総選挙で、公明党は初めて三十二人が立候補し、二十五人が当選、一躍社会の注目を浴びました。

澤登　当時は、自民党国会議員による不祥事件として、吹原産業事件、共和製糖事件、公私混同官費旅行、等が相次いで発覚、黒い霧解散といわれた衆院選でしたね。

有川　当時、私は大学を卒業し、公明党の本部職員として働いていました。渉外部勤務の時だったか、委員長へのある報告書を届けに委員長室に伺ったことがありました。あいにくその日は、委員長をはじめ党三役の国会議員は不在だったので書類を置いて帰ろうとしたときに、部屋に飾ってある一枚の写真と色紙が目に留まりました。

その写真は、前列中央の椅子に座る池田大作会長を、衆院選で初当選した二十五人が囲む集合写真でした。

色紙は二枚あって、一つには確か池田の筆跡で

妙法の

宝を胸に抱きしめて

君ら戦え
　天下取るまで

とあり、もう一つの色紙には確か

中原鹿を争うも
たれか王者の
　師を学ぶ

と書いてあったと記憶しています。

澤登　凄いですね。今日、これを知る人は数人しか居ないのではないでしょうか。

有川　その日は興奮して夜も眠れないほどでした。池田会長は公明党に、妙法を胸に抱きしめ天下を取るまで戦えと指導したのだと。もう一つは、星落秋風五丈原の歌の歌詞を引用し、誰が王者である師匠の教えを学ぶのか、と。ここの師とは誰のことか、多分、戒壇の大御本尊を絶対視していた頃なので、百歩譲って大聖人か恩師戸田先生を指していたのかもしれない。

いずれにせよ、この写真と二枚の色紙は、公明党が衆議院に進出した目的は、天下を取ることであることを示す証拠品であることに間違いはない。

澤登　そこで、誰もが気になるのは、その写真といい、色紙といい、天下取り、即ち日本乗っ取りの計略を巡らしている中心者は、宗教団体・創価学会の池田会長であるということで、公明党の国会議員は単なるその手先に過ぎないということではないでしょうか。

有川　鋭い指摘です。実は、この写真や色紙が党本部の委員長室に掲げられる十五年前の昭和二十七年（１９５２）、創価学会第二代会長・戸田城聖氏は、池田大作など側近の青年部幹部を従えて「水滸会」という人材育成の会を創設しました。一期生が四十三名、（後に七十余名）、二期生が二十四人でした。

この会で戸田は、広宣流布を目指すうえで、政治・経済・文化・宗教など社会のあらゆる現象をどう把握し対処すべきかを語りながら、天下取りのための戦略戦術を叩き込んだと言われています。そしてその内容を後日、池田が中心となり「水滸会記録」としてまとめたのですが、そのまとめ方は、池田流天下取り作戦という色眼鏡を通した戸田城聖理解と言える、ものだったようです。

澤登　ということは、戸田会長が言ったとは思えない不審な個所があるということですか。

有川　そうです。一つは戸田会長が「衆議院に進出せよ」と発言したと云う点。もう一つは、三代会長を守れ、そうすれば広宣流布は必ずできる、と話されたとの問題です。当時の水滸会メンバーで、それをハッキリ聞いたという人を確認できなかったと元創価学会広報室職員だった小川頼宣氏（故人）は述べていた。そのためか、この水滸会記録は、戸田会長が亡くなるまで、門外不出の秘伝書として、聖教新聞資料室に秘匿されてきました。

その後、この記録は池田によって、昭和三十五年頃に大幅に修正され、「水滸会遺誡置文二十六箇条」という「遺誡置文」に格上げされたのですが、その資料を教学部長だった原島嵩が持ち出して世間に公表したため、池田創価学会の日本制覇の野望が一層明らかになりました。原島は自著「池田大作・創価学会の真実」では、次のように暴露しています。

①　総理大臣の座を奪い、日本を思い通りに動かす。
②　当然、自衛隊を動かす権力をもつ。
③　官庁や社会の重要ポストを青年部出身者で抑える。警察権力を占める。
④　金を使って百人ほどの国会議員を思い通りに動かす事が出来るようにする。
⑤　学会批判の言論については、青年部を使ってつぶす。
⑥　その他あらゆるところに手を打っておいて、一気に国家改革を行ってしまう。
⑦　それらを遂行するためには、何としても経済的基盤が必要である。「最後は経済」なのである、と。

澤登　戸田会長が将来に備え、命がけで人材育成した水滸会を、池田はあたかも、自らが次期会長職を相伝する場であったように作り変え、うまく利用してきたことが伺えますね。

有川　昭和四十一年（１９６６）四月、私は大学を卒業し上京、一、二年経って、学会の全国副学生部長兼第二書記長の任命を受けた。ある時、篠原学生部長に、第一書記長の三浦には組織を、第三書記長の飯島には庶務を、君には全国の大学を担当してもらう、との話しがあった。そこで私は、大学別の学生部員の名簿作りに着手、これが元になって「大学別御書講義」が定期的に行われるようになった。社会に雄飛する人材の育成が目的で、天下取りをめざした総体革命がスタートしたのです。

澤登　山崎正友弁護士のもと、法学委員会が出来、法曹界を目指す学生の育成が行われました。

有川　また、外務省の課長だった遠藤乙彦（元衆院議員）をキャップに、外交官を目指す学生をマンツーマンで指導していました。遠藤は毎年の試験問題の予想に長けていて、合格させるコツを教えていました。

澤登　東京医科歯科大の現役生を中心に、医学委員会が発足し、医師免許取得者の量産を目指しましたね。

有川　将来一番取りにくいのは官庁だとして、戸田会長時代に東大生を対象にした「法華経研究会」が結成され、二期生三十五名の結成式には、池田が一期生数人を引き連れ、タバコや二、三千円の小遣いを振舞って「君たちは一騎当千ならぬ、一騎当万だ」などと歯の浮くような激励をし人材育成に力を入れている。

澤登　昭和四十三年頃は三十名程度だった東大生の会員は、最大で四百名を超えたそうです。

有川　こうしたメンバーから高級官僚・弁護士・検事・大学教授・創価公明の幹部といった多くのトップの人材が輩出され、今も続いているわけです。私と同じ時期に学会の理事に任命された東大法学部卒の神崎武法は、法務省の広報室長に上り詰め、検事、郵政大臣を務め、後に公明党の代表に就任しました。

澤登　学会も公明党も、学暦重視の青白きインテリが支配する団体と化してきましたね。不倫問題で失脚する六道の人間が多すぎます。

有川　それもそうだが、民間の一宗教団体である学会の最高幹部が、総理、又、総理経験者と直接のパイプを持ち、党を超えた影響力を発揮することが大問題ですね。

澤登　中曽根総理の時代に、剃刀の官房長官と言われた後藤田正晴氏は、「公明党の政権与党入りは禁じ手だ」と警告しておりましたが、自民は連立解消を真剣に考えるべきだと思います。

有川　私が池田会長の御義口伝講義受講生だったころ、学会の遺言書作りの話がありました。その時に会長から提案されたのは、例えば「王仏冥合の指揮は、（公明党ではなく）代々の創価学会会長が指揮を執ること、または会長に代わる識見豊かな人物でもよいとか、これでどうか」との話しがありました。

前会長の秋谷栄之助氏などは、会長勇退後、公明党職員の信心指導を担当していたとの情報がありました。

澤登　なるほど、あくまでも学会が主なのですね。

有川　そうです。私が区議時代には、地元の副会長から「議員は広宣流布の地域開拓のドリルだ」と言われましたからね。

さらに、公明新聞の記者時代に、職場の主任クラス二十人が選ばれ、月一回、池田会長の指導を受ける機会がありました。そこであった話ですが、「将来のために、若手メンバーによる公明党の正規軍を作っておきたい」と述べ、ジョニ黒や饅重を戴きながら、質問会を開いてもらいました。

その中で印象に残っているのは、政教分離問題への対応です。「世間は分離せよとうるさいが、分かりました、と聞き流しておけばいい。力ある亭主は女房が何かをうるさく言ってこようが、分かりましたと逆らわずに聞き流すように。王仏冥合の冥とは暗いという意味だ。党と学会は暗いところで繋がっていればよい、別れてはダメです」と。
さらに、「公明党は政権が取れそうになっても急いで取ってはならない。政権を取る時は、半永久的に政権を維持できる時に取るのだ。それまでは、野党として庶民のために戦うのだ。国家権力に庇護された宗教団体は弱くなる」と。

澤登　現在の公明党は、この指導とは真逆ですね。

二、知って呆れる学会主導の選挙活動

澤登　有川さんは過去に、公明党の東京大田区議会議員として六期務められましたが、一体、公明党の選挙時の活動とはどんな事をするのか、実際の状況を詳しくお話願えませんか。

有川　確かに、これまで、公明党の選挙活動の実態については、詳しく公表されたことは無かったと思います。公明党と言えば、一般の方はなんとなく、支援団体・創価学会の強力な組織に守られて当選した議員集団、くらいの認識に止まっていたのではないかと思います。
しかし、国民にとって、一人の議員がどのような過程を経て誕生したかを知ることは、

当選後の議員活動に大きな影響を及ぼしますから、しっかり見ておく必要があると思いますね。

澤登　そこでまず、公明党公認候補が決まるまでの様子をお聞かせください。

有川　当時、大田区の人口は六十二万人ほどでしたが、創価学会の会員数は約三万ほどありました。そのトップの役職にあたる大田総区長から直接、区議候補の打診がありました。この話は総区長の独断によるものなのか、あるいは、事前に地元の本部長と相談したうえでのことなのかは定かではない。いずれにせよ、区議候補を決める実質的な決定権は、地元学会のトップが握っているのです。公明党ではありません。

澤登　それは問題ですね。

有川　しかも、全国どこでも同じだと思いますが、選ばれる候補は百%と言ってよいほど全員が学会の幹部の中から選ばれているのです。

その後、学会は候補の一覧表を公明党東京都本部へ通知します。受け取った党都本部は、逆に大田創価学会に推薦依頼をするわけです。依頼を受けた学会は、内部に設置されている社会協議会で審査をした形を取り、了承した旨の通知を党都本部に送ります。そこで初めて公明党公認候補として公明新聞と聖教新聞に発表されるのです。

澤登　これは前代未聞の茶番劇ですね。公明党は学会から上がってくる候補を待っているだけで、実質的には皆、学会が決めている。それを隠すために、あたかも党が決めた候補を学会の社会協議会に審査してもらうという、形ばかりのセレモニーを行って、党が決めた候補者のように見せかける。国民は騙されてはいけませんね。

有川　このスタイルは国会議員以下皆同じです。次に選挙の日程が決まると、投票日の半年以上前から、学会の青年部を中心に裏選対本部が設置されるのです。これを執り仕切るのは学会が候補者ごとに任命した支援長（当選責任者）と言われる学会幹部なのです。

この裏選対本部を出入り出来るのは企画室メンバーに任命された男女青年部のエリート達です。彼らは投票日までにやらねばならない事の一覧表を作り、確実に仕事をこなしていきます。

例えば、候補者の経歴と実績、公約、スローガン、ポスター、署名活動、街角の遊説スポット、事前の学会員へのあいさつ回りの日程、ウグイス嬢の遊説計画ならびに原稿など、党がやるべきことのすべてを段取りしているのです。特にポスターなどは学会の最高会議の了承があって初めて町中に張り出されるのです。

澤登　これまた驚きですね。世間的には、学会は公明党の支援団体と思われていますが、これでは支援団体どころかやっていることは政党活動そのもの、即ち、公明党イコール創価学会ではありませんか。

有川　さらに、ウグイス嬢として選挙本番でマイクを握る女性は、全員が学会の女子部員です。選挙カーのドライバーやポスターの掲示、街頭演説の場所取りなどは学会の男子部員が担います。選挙事務所の設置は学会員の大工さんが無料奉仕で設営してくれるのです。さらに、電話作戦などはお手の物、主として学会の女性部員が担うのです。

澤登　そこまでやるのですか。公明党には党員はいないのですか。

有川　政教分離を繕うために、区議や市議単位に数十人の党員はいます。といっても、年間二千円ほどの党費を払うメンバーとして、全員が学会の組織から割り当てられた党員です。普段は月一回の支部会を行うだけで、選挙時になると独自の動きは出来なくなり、選挙が終わるまでは学会の支援長のもと、学会員として選挙の支援活動を行うのです。

澤登　学会員以外の党員はいないと考えていいわけですね。

有川　一時は会友として党員登録をしてもらったことがありましたが、微々たる数で、主体性を持った活動ができませんので、うやむやになり消えてしまいましたね。

澤登　例えば、都議会議員や国会議員を支える党員はいないのですか。

有川　いません。彼らには公設秘書や議員個人が雇う事務員が数名いるだけです。区議単位の党員の支部会に、年に一、二回顔を出して挨拶するぐらいで、自分たちが党員を動かして何か仕事をするということはありません。

澤登　直属の党員という手足のない国会議員、都議会議員ということで、地域活動は区議会議員と党員が担い、彼らはその上に乗っかっているだけというのが実態なのですね。

有川　区議会議員には日常的に党員や学会員から様々な相談事が沢山ありますが、その人たちが国会議員や都議会議員に相談する数はわずかだと思います。

私は地域活動をする中で、新たな支持者を作って、外部の人たちだけの白馬会という後援会を作り、国会議員や都議会議員にすべて紹介してきましたが、彼らが仕事をして開発した支持者を紹介されたことは一度もありませんでした。

澤登　学会の顔色を窺っていれば安泰なのでしょうね。

有川　選挙期間中に陣中見舞いを管理する事務長も学会幹部から派遣されるのです。事務長は全体の動きを見ながら気配りしなければならないので、裏金作りの役目があるのです。例えば私が知り得たことで暴露しますと、学会の上の幹部の陣中見舞いは、後でトラブることは無いので、収支報告書には記載せず裏金として処理していたことがありましたね。

私が区議の三期目、四期目の選挙の時は、後援会も充実し、多くの会社社長さん方から高額の陣中見舞いがありましたが、事務長からはお礼の連絡をしてほしいと言われ、名簿をもらいましたが、そこには金額は書いてなく、私は一円も受け取っておりません。

これが国政選挙ともなると桁違いの陣中見舞い金が入ります。私が国会議員の公設第一秘書の時、陣中見舞いの受付事務の担当を命じられたことがあります。その際、代議士からは、十万円以上の高額の場合は、直接自分がお礼の電話をしなければならないから、自宅に持ってきてくれと言われ、何回か運んだ記憶があります。その金は後日、代議士から事務長に報告されたかどうかは私の知る所ではない。

このように、よくよく選挙関連の実態を見ると、政教分離というのは見せかけで、公明党イコール創価学会と言われても仕方がないですね。

澤登　いや、驚きました。

有川　また学会は、党から上がってきた候補者を、社会協議会にかけ、人物本位で判断していると言っていますが、公明党の衆参国会議員には、不倫だのセクハラだの、違法な手数料の取り立て等々、あまりにも目を覆いたくなるような不祥事が多すぎます。人物本位で審査した学会の責任は追及されて当然だ。

三、公明党にハイジャックされた国土交通省

有川　内閣改造をめぐって行われる自公の党首会談の場で公明党は、常に国土交通大臣のポストを要求し、時の総理はこれをあっさり受け入れてきました。

それというのも自民党は今や、創価学会票が無ければ衆院の小選挙区選挙や参院の選挙区選挙で落選者が多数出てしまい、政権維持が出来なくなるかもしれないという、情けない政党になり下がったからだと思います。

澤登　公明党の歴代国土交通大臣を調べてみました。

北側一雄　小泉内閣　２００４年９月～２００６年９月（２年）
冬柴鉄三　安倍・福田内閣　２００６年９月～２００８年８（１年11か月）
太田昭宏　安倍内閣　２０１２年12月～２０１５年10月（２年10か月）
石井啓一　安倍内閣　２０１５年10月～２０１９年９月（３年11か月）
赤羽一嘉　安倍・菅内閣　２０１９年９月～２０２１年10月（２年１か月）
斉藤鉄夫　岸田内閣　２０２１年10月～２０２３年今月まで続く（約２年）

以上の結果、自公政権下での公明党の国交大臣の連続在任期間は、十四年を超えたことになります。

有川　長すぎるなんてもんじゃない。国土交通省は完全に公明党にハイジャックされましたね。昨年十月頃に岸田総理は、内閣改造人事を行うのではないかとマスコミの話題になっていましたが、公明党の山口代表は、七月十八日の記者会見で、「(国土交通大臣) そのポストっていうのは、公明党としてこれからも重要だと考えている」と、またぞろ国交大臣ポストを要求し、実現しました。

澤登　私も長年、中堅ゼネコン会社の役員として仕事をしてきましたので、公明党が国交大臣ポストにしがみ付く理由は手に取るようにわかるのです。

ズバリ申し上げますと、党勢拡大を図るのにこれ以上のポストはないからです。国交省というのは、昔の建設省と運輸省を合併した他、国土庁、北海道開発庁、さらに外局として気象庁、海上保安庁、観光庁、運輸安全委員会など巨大な省庁なのです。

したがって、道路、土木、ダム、港湾、不動産、航空など公共事業関係予算は、国全体の一般会計予算の二十パーセントに近い、五兆二千五百億円もあって、大臣はその執行権を有しているのですから、建設業界との癒着が懸念されてきた役所なのです。

有川　そうした公共事業に携わる建設業者のことを「請負業者」と言いますが、なぜ負けるという文字が使われるのか、それほど業者は仕事を出してくれる役所には弱い立場にあるとみられています。

一方、地方の知事や首長なども、自分の街に工事を持ってきたいがために、地元の議員共々、国交省への陳情合戦を行うわけです。

建設業界の就業者の数は四百万人と言われていますから、下請け業者を含めればさらに増えるでしょう。

また、国交省の官僚たちが天下りする法人は千二百を超えており、それらを所管する国交大臣の影響力は計り知れ無いものがある。

自公政権になってから、公明党の比例区票は確かに増えました。「選挙区は自民に、比例区では公明に」の呼びかけで、自民票が公明に流れたことは間違いないでしょう。

私が現職の議員の時、創価学会建設局からと思われるゼネコンの社員名簿が手渡され、一軒一軒あいさつ回りをして公明候補の支持依頼を何度も行いました。選挙後、名簿は回収されました。訪問しての感想は、かなりの手ごたえがあったことを記憶しています。

票の話だけではありません。他の業界と違って、建設業者は公明党及び議員のパーティーの開催には非常に協力的で、人も金も気持ち良く出してくれる会社が多いのです。

公明党の国交大臣が十四年間も続けば、業界自体の考え方がかわってきます。近年、あらゆる選挙を前にして、事前ポスターが町中に張られますが、かつては自民党候補しか張り出せなかった大手建設会社の建物に、公明候補のポスターがあちこちに張り出されるように変わってきました。こんな光景を見ていると、自民票はジワジワと足元から公明党・創価学会に侵食されていることがわかります。

こうしたことが続けば、自公連立を解消しない事には、自民の地盤沈下は避けられないでしょうね。

澤登　イギリスの歴史家ジョン・アクトンが断言している。「権力は腐敗する。絶対的権力は絶対に腐敗する」と。

有川　その通りです。公明党の草創期の議員は、庶民の代表を標榜して政治の表舞台に登場した。それが今では政権与党となって大臣ポストに就く。夢のような話です。したがって、どうしても権力の魔性に侵されてくる。

北側一雄大臣は、平成十七年（２００５）十一月に発覚した耐震偽装事件の担当大臣でした。この事件は、国交省の告発内容を受けた捜査当局が、建築主と建設会社が姉歯建築士を取り込み、三者が共謀して耐震偽装マンションを販売したとして、構造計算書の偽装を見抜けなかった確認検査会社・イーホームズの社長らが次々と逮捕されたことが事件の核心であった。

しかし、公判では、姉歯一級建築士が偽装は「私一人で行いました」との証言により、〝個人犯罪〟と結論づけられたのです。

したがって、この時点で北側大臣は、偽装を見抜けなかったイーホームズの任命責任が国にもあることを反省するコメントを発すべきだったのです。

さらに、最近では、令和四年（２０２２）九月一日号の週刊文春と週刊新潮に、公明党大阪府本部副代表の熊野正士参院議員が創価学会会員の女性に対して犯したセクハラ事件を隠ぺいしようとしたと報じられました。

週刊誌によれば、被害者の女性は悩んだ末に知人に事情を話したところ、北側氏から電話がかかってきて「選挙で１議席が獲得できるまで黙っていてほしい」と口止めしてきたと証言しているとのこと。

これに対し北側氏は週刊誌二誌を名誉棄損に当たるとし、東京地裁に訴訟を起こした。しかし、その後、裁判の結果はどうなったのか報告すべきではないでしょうか。

澤登　太田昭宏大臣は、自身の選挙の際、国交省所管の日本交通公社（ＪＴＢ）の取締役旅行事業本部長が、社内メールを使って組織的に太田支援を呼びかけたことが問題にされました。また、選挙カーのガソリン代を水増し請求したとして週刊誌やネットで批判されました。

有川　石井啓一大臣は、横浜の巨大マンションの、杭のデータ偽装事件が発覚、国交省の杜撰な検査体制が批判され対応に追われた。

澤登　赤羽一嘉大臣は、令和三年（２０２１）七月の東京都議選前に荒川の隅田川スーパー堤防の視察に、公明党の都議候補のけいの信一、大松あきらを同行させ、公明新聞に報道させた。

この企画の段取りは、大臣に直接指示を受けた官房長が連絡調整を担当させられており、官房長の連絡であればと、国都区の職員や区長なども断ることも出来ず多数参加した。国交省によると赤羽大臣のこのような視察は過去二十九回行われており、公明党の議員だけが延べ三十五人参加していた。党利党略のために国・都・区の公務員を勝手に使うことは大臣の職権乱用として、厳しく断罪されて当然であろう。

有川　斉藤鉄夫大臣は、資産隠しが問題にされた。令和三年（２０２１）十月五日の大臣記者会見で、一億を超える金銭信託や株式五銘柄三千二百株について、平成三十年と令和二年の資産報告書に記載漏れがあったことを明らかにした。その理由について大臣は「（姉からの）遺産総額が多額になり、全貌を理解できなかった」と言っていたが、果たしてそうであろうか。自分自身が受け取る遺産が高々一億円を超えたから全貌を理解できなかったような人に、国交省の五兆円を超える予算の切り盛りを任せていいのか、との疑問を抱かれても仕方なかろう。

斉藤大臣は自民党の支持を得て、衆院選広島三区の候補に決まった際、応援に駆け付けた岸田総理が「最もクリーンな政治家だ」と持ち上げていたが信じ難い。

それからもう一つ。この大臣は、投票日直前の令和三年（２０２１）十月十五日、自民党の集会に顔を出し、「私の血は九十五パーセントは自民党だ」とこびをうる発言をしている。即ち、表面は公明党の仮面をつけているが、内実は自民党の血を持つ者だ、と言い切ったのです。創価学会公明党の皆さん、5％の血しか持たない人を、今後も支援していくのですか。この人は神社の参拝はするはで、このままでは晩年、没在於苦海となると私は見ている。

四、耐震偽装事件——もう一つの見方

有川　平成十七年（2005）十一月十七日、日本列島に突如として、耐震偽装事件の激震が走りました。今、関係者の裁判もすべて終了した段階で、冷静に事件の顛末を俯瞰してみると、法と秩序の遵守を国是とする法治国家・日本のレベルが、あまりにも低く、かつ、理不尽なことがまかり通ってしまう三流国家であることに愕然としてしまいます。

澤登　同感です。と言いますのは、小嶋氏が逮捕された当時の理由と、平成二十一年（2009）三月六日、東京地裁の一審判決文の内容が全く違っているからです。

この事件は、彼がマンション建設会社・ヒューザーの社長として建築した後、販売を依頼した物件の約三割が、構造計算を委嘱した一級建築士・姉歯秀次（妻は学会員）によっ

て、地震力の割り増し係数を低減（偽装）されたことによって、震度五強の地震で倒壊すると新聞・テレビで報道され、日本中が大騒ぎとなりました。

姉歯による耐震偽装は、同業他社の（有）アトラス設計の渡辺朋幸が、平成十七年（2005）十月二十一日、国交大臣から建築確認審査業務を委嘱され、ヒューザー物件に検査済証を出したイーホームズの藤田東吾社長にチクったことに端を発しました。

その後、イーホームズの藤田は、自分の会社の杜撰な検査を棚上げし、逆に自分が再検査をして姉歯の偽装を発見したと正義ぶって、国交省に報告したのです。

問題なのはその時の藤田の報告の内容なのです。彼は国会における参考人招致の際、「もし偽装が意図的・人為的に行われるのであれば、一番利益を得るのはデベロッパーだろう」などと証言していることから、彼を耐震偽装の主犯と見立て報告したに違いないと推測できるのです。

そして、藤田の報告を真に受けた国交省は、一か月ほど隠蔽し、十一月十七日の夕方五時十五分にやっと、佐藤信秋事務次官が省内のプレスルームで記者発表をしたのです。

その内容は、イーホームズの藤田の考えと全く同じシナリオでした。

有川　ここで問題にしなければならないことは、国の建築行政の根幹を揺るがすような大問題を、住宅局の官僚たちは、記者発表の前日まで、公明党の北側一雄国交大臣には一切、報告していなかったことです。これほど大臣がバカにされた話があっていいのでしょうか。もし、北側大臣が始めからかかわっていたならば、役人の記者発表のシナリオは変わっていたかもしれないのです。

澤登　そうですね。役人は、選挙で選ばれた国会議員である大臣には、いち早く報告し指示を仰ぐべき義務があります。決定権を持たない部下である役人が、これほど重大な情報を長期間隠蔽し、大臣を蚊帳の外に置いた罪は、断じて許されることではありません。

有川　結局、国交省から刑事告発の依頼を受けた警察・検察当局は、間髪を入れず、マンション販売業者の彼を首謀者に仕立て上げ、建設会社の木村社長と姉歯設計士等三者が結託し、建設コストを下げるため、地震の耐震強度のデータを改ざんした、として関係者を次々と逮捕しました。

マスコミも自分たちで調査することもなく、只、官の発表と検察・警察の動きをそのまま報道するという「発表ジャーナリスト」の本性を顕わにしました。

澤登　ところが、**公判が進むと姉歯は、偽装は「自分一人で行いました」と証言、一人芝居であったことを告白しました。**

有川　ということは、国交省の記者発表のシナリオと検察・警察が描いた捜査方針は、完全に間違っていたことになりますね。

澤登　ですから、この時点で裁判所は、逃亡や証拠隠滅の危険性の全くない彼の保釈請求を、認めなければならなかったはずなのです。しかし、裁判所は拘留を解除しませんでした。本当に腹の立つ話です。

有川　刑が確定したわけでもないのに、三二五日もの長い間、ずっと俗悪な環境の小菅の東京拘置所に投獄されてきた。まさに恐怖政治ですね。出所された時は、世の中はすっかり変わっていた。国民の大半は姉歯事件を話題にすることは無く、遠い昔のことのように忘れ去られ、風化してしまったのです。

澤登　有川さんは、彼の陳情に素早く応えて、国交省の建築指導課の幹部を紹介、彼は思いの丈をぶつけることが出来ました。証人喚問の時に共産党の穀田委員から（あなたを国交省の幹部に紹介してくれたのは）「大田区の区議会議員と聞いておりますが誰ですか」と聞かれ、彼はやむなく「有川靖夫先生です」と答弁したことで、大変なことになりました。

有川　私は何とも思っておりません。

　そもそも、彼は、国交大臣に建築確認審査業務を委嘱されたイーホームズが、検査済証を出したから引き渡しただけで、彼には全く身に覚えがない事、むしろ、でたらめな審査をしたイーホームズ、さらにイーホームズに検査権限を与えた国にこそ責任があるのではないか、と怒りを共有しました。

ところが、公明党の対応は異常でした。彼を事件の首謀者と思っていましたから、その悪人に公明区議の私が国の役人を紹介したことは、党のイメージが悪くなる、と。よって「有川さんは何も悪いことは無いが、このままでは次の選挙にマイナスになるので、離党してくれ」と、お願いされたのです。

しかし、ここにも問題があると思うのです。そもそも、区議の私が国交省の役人を知る由もないので、紹介などできるわけがありません。そこで私は、東京選出の山口那津男参院議員に陳情したのです。幸い電話に出た秘書さんが、陳情の主旨を理解してくれ、議員に話してみますから二、三日待ってくださいとのこと。それから数日たって秘書さんから連絡があって、建築指導課の課長補佐が、待っていますので、小嶋さんに行くように伝えてください、との返事があったのです。

ということは、建築指導課長補佐に彼を紹介してくれた実質的な議員は、山口参院議員になるわけです。

依頼された課長補佐も、区議の私というよりは、山口参院議員からの依頼と捉え、断ることが出来ず、会うことを約束してくれたわけです。

であれば、私などより真っ先に離党すべき人物は、バッジの力で国交省の役人に橋渡し

をした山口議員ではないのでしょうか。 頼まれたからやったまで、と逃げた事になりませんか。頼まれたことなら何をやってもよい、というのでしょうか。

澤登 確かに可笑しいですね。

有川 あとで分かったのですが、私に離党の印籠を渡す役目を担当した人物は、公明党内に設置された耐震偽装問題対策本部の中心メンバーだった東京都議会議員の桜井良之助でした。彼は学会の学生部時代に、東北大学がある宮城県内の学生部員を担当する東北第一部長で、私は宮城県を除く東北五県プラス新潟県を担当する東北第二部長でした。彼が卒業して公明新聞に就職してからは、私は宮城県も担当する初代の東北書記長に任命されたのですが、彼は私のことを機会あるごとに、竹馬の友、と紹介してくれました。

平成十七年（２００５）十二月十四日、衆議院国土交通委員会における証人喚問で私の名前が出るや、その日の夕方から、共同通信をはじめ、新聞・テレビ全社の記者たちが、怒涛の如くやってきて、我が家のピンポンを鳴らし取材を申し込んできました。

主たる質問は、彼との関係を教えてくれというものでした。そこで私は何ら隠すべきことはなかったので、すべての記者の質問に答えたかったのですが、都本部の執行部に呼ばれた時には、「何を答えても必ず悪く報道されるから一切応えないでほしい」と指示されたのです。

しかし、取材の波は一向に止まらなかったので、共同通信の質問にのみファックスで回答し、他社にも流してもらうことにしました。

それからしばらく経って、桜井都議から電話があり、「明日、ありちゃんに離党届を書いてもらいたいので、印鑑を持って新宿の弁護士事務所に来てほしい。これは党の意向です」とのこと。

指定された弁護士事務所に行ってみると、創価学会の顧問弁護士と印刷された名刺を持つ二人の若い弁護士と、桜井氏が待っていました。桜井氏は開口一番、「このままでは党のイメージがどんどん悪くなり、次の選挙にマイナスになるので、ありちゃんは何も悪いことは無いのだが、離党届を出してほしい」とお願いされました。

私の離党で党が少しでも助かるというのであればと、即座にサインをして離党届書を手渡しました。

そのとき私は、自身の思わぬ展開で気が動転していたのかもしれないが、かすかに、なぜ公明党ではなく、創価学会の顧問弁護士が二人も立ち会っているんだろうと不思議に思いました。あとで分かったのであるが、耐震偽装事件の党の対応については、桜井氏が党の窓口として、事あるごとに学会の顧問弁護士が詰めるこの事務所に出入りして相談していたようである。即ち、党だけの判断ではまずいので、学会に被害が及ばないように、学会の顧問弁護士が主導していたわけで、こんなところにも、公明党イコール創価学会の姿を現していたわけである。

同席した弁護士は学会員だと思えたので、私は「離党しても学会員としての活動はできますよね」と聞いたところ、二人は「もちろんです」と即答した。しかし、それは有り得ないことだったのです。

即ち、離党は即、学会からの離脱でもあったのです。何故なら、公明党イコール創価学会だからです。地元の学会の最高幹部には、私に直接、真相を聞きたいとの多くの会員の要望があったそうですが、「それはできない。なぜなら、彼に会合でしゃべらせると、自分は何も悪いことは無い、と言うでしょう。それが困るからだ。風化させるしかない」、と答えたという。以来、今日までの十八年間、千人以上もいた地元の学会員の誰からも、一本の電話もかかってこなくなりました。

澤登　冷たい組織ですね。かん口令を敷いたのでしょうね。

有川　その点は見事な組織です。かつて、衆議員候補を地元婦人部の最高幹部に紹介した時に、「私たちは池田先生のために選挙を戦っているので、候補者は誰だっていいのよ」と言われ、寂しい思いをして帰ってきたことがあります。上からの指示は見事に徹底される組織なのです。

弁護士事務所の帰り際に私は、桜井氏に質問されたことで、彼については、千平方メートル以上の土地にマンションを建設する場合は、地元自治体に事前相談することが義務付けされていて、話をスムースに進めるために、品川区、港区、千葉などの同僚議員を紹介したことがあると報告しました。その時、彼は一瞬、瞬きをして「やっぱり、ありちゃんがすべて悪かったことにするしかないなぁ」と小声でつぶやいたことをハッキリ覚えています。トカゲのしっぽ切りだったと友人に言われました。

それ以後、学会・公明党は、私を組織から遠ざけ、何となく悪者扱いにしている情報を流していることが多々漏れてきました。

その一つに、ある葬儀社の専務に「有川さんは党から除名されたんだってね」と言われたことがありました。バカ言ってんじゃない。私は党からお願いされたから離党してあげたわけで、除名などされていませんよ、と即答しました。

その流れの一環なのか、事件後、私が二度目の大田区議会副議長に選任された時のこと。議長に選任された自民党のK氏は、就任後間もなく、癌に侵され、私はほぼ丸一年間、議長代理として議長職を代行しました。そのことが評価されたのか、私は元区長のN氏に、東京23区でただ一人、都政功労賞の受賞者に推薦され、石原元都知事から文書で授賞式の案内状を戴きました。

ところが、授賞式の前日に、大田区の総務課長から電話があって、「大変申し訳ないのですが、東京都から今電話があって、明日の有川先生の都政功労賞はキャンセルされました」と言うのです。

こんなふざけた話があっていいのか。都知事からの正式文書の重要通知内容が、前日に区役所の課長に電話が来て、受賞が覆るとは。誰かが慌てて横槍を入れたに違いない。

一般的には、その年度の都政功労者名簿は、事前に都議会各派幹事長に公開される。その際、例えば、私が所属していた公明党がクレームを付ければ、都の役人はそれに従って外すということはありうる。私が知りたいのは、横槍を入れた者は一体誰なのか、そして、その理由は何であったのか、である。議員の権力によって、行政の措置が消されるという苦々しい話ではないか。

また、毎年行われる春と秋の叙勲で、区議会副議長の経験者は、議員を辞めて七十歳以上になれば、ほぼ自動的に旭日小綬章者として官報に名前が出るが、八十歳を超えた私の名前は未だ出ていない。これまた誰かの横槍のせいであろう。

いずれにしても、姉歯事件後の様々な悪質かつ誤解に満ちたとばっちりとは、私も生涯かけて戦い、正義を立証していきたい。

澤登　いいですね。

有川　最後に、彼の東京地裁一審の判決文を、広く国民の皆様に、かみしめて読んでいただきたいと思います。

主文
被告人を懲役三年に処する。
未決拘留日数中百九十日をその刑に算入する。この裁判が確定した日から五年間その刑の執行を猶予する。

（量刑の理由）
（1）被告人には積極的、意図的に被害者らから残代金をだまし取ろうとした事実までは認められず……
（2）そもそもの発端は、姉歯による構造計算書の改ざんであり、そこに、確認検査機関であるイーホームズがこれを看過して建築確認をし、更に検査済証を発行していたという事情があり、本件に至るまでに限れば、ヒューザーは耐震偽装の被害者ともいえる立場にあったことは否定できず、また、今回の件についていて、ヒューザー内にあって被告人のみに責任があるというものでもないこと。

（3）　本件犯行により被告人が財産的利得を得たということはなく、ヒューザーとしても被害者らからだまし取った金を不当に利用したことも無いこと。

（4）　被害者らにはヒューザーから見舞金や破産の配当金などが支払われ、微々たるものとはいえ、被害の一部が回復していること。

（5）　ヒューザーや被告人が耐震偽装問題の中心にいるかのようなとらえ方でマスコミ等から厳しい非難が集中した面がないではなく、これまでに相応の社会的制裁を受けていること。

（6）　相当期間身柄を拘束されていたこと、…以上の諸事情を総合考慮すると、本件は被告人を実刑にするような事案であるとは認めがたく、主文のとおりの量刑が相当と判断した。

果たして読者は、この判決をどう見るでしょうか。

澤登　この判決文でハッキリしたことは、彼は耐震偽装とは、全くかかわりがなかったということを、裁判所が認めたということです。それにしても、（4）で、被害者に彼が支払った配当金は「微々たるもの」とありますが、原資となった主なものは、現金、預金、不動産売買代金、駐車場専用使用権、保険金、法人税還付金など五十億三六九六万円でして、一代で築いた純資産のすべてが根こそぎ奪われてしまったのです。これを微々たるもの、などと言ってよいのでしょうか。

有川　破産管財人となった瀬戸英雄弁護士には、四億一八〇〇万円の報酬を支払ったわけですね。ハゲタカと言われる所以ですね。

いずれにせよ、裁判長は、国交省も検察もマスコミも、彼を耐震偽装の本丸だと決めつけてきましたが、それは嘘でした、間違っておりましたと断罪する判決を下したわけですから、これは凄いことです。彼が法廷闘争で頑張ってこられた努力の成果だと思います。彼らは、土下座して謝罪すべき判決の内容です。

また、平成十七年（２００５）十月二十七日の午前十一時に、ヒューザー本社に来たイーホームズの藤田社長から姉歯の偽装を知らされたのに、翌二十八日に分譲マンション「グランドステージ藤沢」の販売残金（四億一千万円）を詐取したとして詐欺罪に処されたわけですが、これもまた可笑しい。

検察はヒューザー物件の販売を任されていた（株）ヒューザーマネジメントの佐藤営業部長が、彼に決裁を受けて進めたと証言したことを証拠としているが、佐藤の発言は曖昧で物的証拠が無い。

同日の十七時四十分に彼が佐藤に電話で指示した録音データが出てきましたが、その内

容は
①売れてない物件で姉歯が構造計算に携わっている物件は、取り敢えず販売中止にする。
②契約が終わっているもので、まだ引き渡していないものに関しては解約する。手付金や購入代金を返金するので、その準備を進めておくこと。
③姉歯が構造計算に携わっている物件の「解約予定一覧表」を作ってくれ。
というものでした。
これによれば、佐藤は残代金がある物件は引き渡してはいないのであるから、中止扱いにしなければならなかったわけです。即ち、残代金の入金を受けてはならないし、引き渡してもならなかったわけです。
澤登 その通りです。佐藤がシノゴノ言わずに彼の指示通りやれば、彼が詐欺罪に問われることは無かったのです。公判でこの録音テープを佐藤に聞かせたのですが、しどろもどろで、記憶にないと逃げたのです。
有川 始めに彼がこの録音テープを証拠物件として提出した時に、検事は裁判長に「裁判官が判断を誤る恐れがあるから」と、採用しないよう強硬に申し入れたそうだ。
澤登 検事が裁判長を威嚇する姿には呆れました。何がなんでも彼を有罪にしたかったのです。結局、裁判長は証拠物も無い、しかも記憶があいまいな佐藤の証言を重視し、証拠物のある彼の証言を無視したのです。

有川　私は今、こう思う。姉歯事件当時、大手ゼネコンが関わって、耐震偽装されたマンション・ビル・ホテル等は、全国各地に沢山ありました。それらにヒューザーと同じ制裁をしなかったのはなぜか。それは、もし、それをやったら日本経済が成り立たなくなることが危惧されたからであろう。それを防ぐためには、何がなんでも彼一人を生贄にして、国民の目が他へ拡散しないよう、抑え込まねばならないと、時の政権は考えたのだと思う。

ある検事の言葉を思い出します。

「我々の使命は、国体を守ることと、日本経済を守ること」なのですと。ですから、見方を変えれば、彼が唯一人犠牲になって、日本経済全体の崩壊を救った大功労者だったと、後世の人々に評価される日が必ず来る、と思います。

それにしても、一人の人の、小さな声に耳を傾けることを党是とする公明党の国交大臣は、看板に偽り有りでしたね。

澤登　そもそも検査済証は誰も偽装できないし、構造計算の大臣認定のソフトが、建築基準法を下回る数値を入力してもパスするという欠陥商品であったことにも、国は責任を取っていません。

五、公明党が財務副大臣ポストを手放さない理由

有川　与党入りした公明党は、国交大臣ポストと同じように、財務副大臣のポストも継続して握ってきましたね。

澤登　その通りです。

公明党議員の歴代の財務副大臣は、途中、民主党政権時代では、一時外れますが、その後は復活し今日に至っております。

谷口隆義　2002年1月8日～2002年9月30日　（8か月23日）
谷口隆義　2002年10月2日～2003年9月22日　（11か月21日）
石井啓一　2003年9月25日～2003年11月19日　（1か月26日）
石井啓一　2003年11月20日～2004年9月27日　（10か月8日）
上田　勇　2004年9月29日～2005年9月21日　（11か月24日）
上田　勇　2005年9月22日～2005年10月31日　（42日）
赤羽一嘉　2005年11月2日～2006年9月26日　（10か月25日）
富田茂之　2006年9月27日～2007年8月27日　（11か月1日）

遠藤乙彦　2007年8月29日～2007年9月26日（29日）
遠藤乙彦　2007年9月27日～2008年8月2日（10か月7日）
遠山清彦　2019年9月13日～2020年9月18日（1年6日）
伊藤　渉　2020年9月18日～2021年10月6日（1年19日）
伊藤　渉　2021年10月6日～2021年11月11日（37日）
岡本三成　2021年11月11日～2022年8月11日（9か月1日）
秋野公造　2022年8月12日～（2023年？）

通算すると、およそ十二年間、切れ目なく独占してきたことになります。

有川　長すぎますね。こうした異常な実態を国民の皆さんは、ほとんど気付いていません。では、なぜ公明党は財務副大臣ポストにこれほど執着するのでしょうか。その答えは、副大臣の所管事務内容を見れば分かると思います。

澤登　財務副大臣は新政権の組閣後、新財務大臣が毎回、自民と公明からそれぞれ一名ずつ、合計二名、を任命しております。

そして、副大臣の所管事務は、国の予算、財政投融資、国債、国有財産、政策金融、税制改正、関税、国際問題などとなっておりますが、創価学会としては一番気になるのが税の関連で、財務省の外局ではありますが、国税庁と、その下にある税務署の指揮監督権をもつ副大臣ポストを握ってもらいたいという願望があるのではないでしょうか。

有川　ズバリその通りだと思います。

平成元年（1989）六月に、「捨て金事件」というのがありました。これは、学会の聖教新聞社の本社倉庫にあった金庫が、ごみとして捨てられ、中から一億七千万円が発見された事件でした。この事件の解明のため、平成二年（1990）六月から平成四年（1992）四月にかけて、東京国税局課税第2部資料調査第3課が、二度に分けて大規模な税務調査を行いました。

この時の様子を当時、公明党委員長だった矢野絢也氏が『乱脈経理　創価学会VS国税庁の暗闘ドキュメント』（講談社）という本を出版、その中で「池田氏をはじめ学会首脳はパニックに陥った」と述べています。

さらに矢野氏は、「藤原弘達『創価学会を斬る』41年目の検証」（日新報道）の中で、驚くべき事を告白しているのです。

それは、この時、学会の八尋顧問弁護士から、次のようなメモを渡されたというのです。

①　宗教法人の公益事業会計部門に絶対に立ち入らせないこと。

②　会員の「財務」における大口献金者のリストを要求してくるだろうが、絶対に撥ね

つけること。

③　財務目録を提出しない。

④　池田氏の秘書集団がいる第一庶務には調査を入れさせないこと。

⑤　池田氏の「公私混同問題」については絶対に立ち入らせないこと。

⑥　学会所有の美術品には触れさせないこと。

八尋弁護士と言えば、学会の副会長（現在は主任副会長）でもある。その人物が、公明党の委員長に、不正なことと思われるようなことを指示するメモを渡すとは驚きです。その時のことを矢野氏は次のように述べている。

「八尋氏から示された『絶対さわらせない六項目』と池田しがらみの核心部分はギリギリのところで先送りされた…国会議員たるものが、国税に圧力をかけることなど国民への背信行為だ…国税調査を通じて知り得た学会経理の醜悪さには、反吐が出るような思いだった。」と。

澤登　政治と宗教の関係に厳しいアメリカでは、宗教組織が政治活動をしたと認定された場合は、宗教法人非課税の原則を適用しないと聞いています。旧統一教会の不法行為が社会問題化しているこの時期こそ、創価学会と公明党のこうした知られざる関係を明らかにし、宗教法人法の改正へむけて、国会の場で大いに議論を展開すべきではないでしょうか。

有川　このようなことは、宗教団体の政治活動は憲法で保障されている、などと言う話を超えた事例であるから、事態は深刻かつ急であると言わざるを得ません。私が特に懸念していることは、政権与党となった公明党、そして大臣、副大臣、政務官といった日本国政府の要人ポストを担うことになった公明党議員には、国家機密事項が流れます。それが、隠れたところで、民間の一宗教団体である創価学会に流れるという危険性があるということです。もし、その情報が学会を通じて他国に流され、悪用されることになれば、我が国の国益を損なうことにもなりかねません。公明党には、国家機密情報は一切、学会には流しませんと、誓約させるべきです。自民党を含め、国民が納得できる法整備が急務だと思います。

澤登　もう一つ、公明党が財務副大臣ポストを手放さない理由があります。それは、財務省が（株）日本政策金融公庫を所管する魅力省であることを十分知っているからです。

有川　それについては、私も現職の区議会議員時代に強く感じておりましたね。現在は略して日本公庫といいますが、国民一般の資金調達支援の融資を行っており、他には農林水産事業者や中小企業事業者への資金調達支援が目的として設立された会社です。

例えば、民間金融機関に融資を断られた人であっても、取り組みを補完してもらえることがありました。融資を受けて命拾いをしたと喜んでいただき、以後、私の確実な支持者になってくれました。即ち、議員にとって金融機関にパイプをもっているかどうかは、選挙時の得票数に影響するのです。

政策金融公庫の貸出金残高は二十九兆円もあり、財務副大臣の紹介となれば、融資担当者の対応は、他の申し込み者とは違ってくることは十分考えられます。

澤登　それを悪用したのが、公明党のプリンスと言われた遠山清彦財務副大臣（創価大学出身）でしたね。

彼は新型コロナで業績悪化した企業支援の特別融資を、貸金業の登録を受けずに、一〇〇以上の企業に違法に仲介し、合計一〇一〇万円の手数料を受け取っておりました。

有川　面白いように金がザクザクと入ってくるものだから、銀座の高級クラブに夜な夜な通っては豪遊し、「遠山の金さん」などと呼ばれ、いい気になっていた。そこで知り合った会社社長に一〇〇万円をもらって公庫への口利きをしたのが犯罪を犯すきっかけになった。

また、秘書を連れてキャバクラに通い、飲食費の支払いを、自分の政治資金管理団体から行っていた。

さらに、公明党の同僚議員の秘書からの依頼にも応じて悪さを働いていました。その結果、遠山は懲役二年（執行猶予つき）一〇〇万円の罰金、の有罪判決を受け、議員を辞職しました。

澤登　公明党は「清潔な党」を売りにしておりましたが、全く地に落ちましたね。

有川　一方、令和三年（２０２１）十一月十三日付の朝日新聞が公明党国対委員長の高木陽介（創価大学卒）衆院議員に関する醜聞記事をスクープしました。

澤登　新聞報道によれば、高木の公設秘書が、若返りサプリメント販売会社「健康医学研究所」の税務調査を巡り、十回以上も国税庁に電話をして、会社側の不満要望を聞くように働きかけたと言います。

有川　会社側の不満要望とは、仕入れ時に支払った消費税が、売上時に受け取った消費税を上回った約一億円の還付手続きがストップしていたこと。業を煮やした秘書は、上野税務署と国税局職員に面会させた。それでも埒が明かなかったため、今度は、高木議員の議員会館事務所に、国税庁の課長補佐二名を呼んで、

「うちの顔を立ててください」

「税の還付をしてあげてほしい」

「調査を早く終わらせて」などと発言したという。

澤登　ところが、結果は、この会社は、サプリ原料の仕入れ額を最大に計上し、約十一億円の所得税を隠していたとし、逆に、約七億円の追徴課税の更正処分を受けました。

有川　しつこい秘書でしたね。「うちの顔を立ててください」とはどういう意味なんだ。明らかに無理強いした発言であり、言ってはならない言葉です。秘書は即座に退職し、高木議員は、経過報告は（聞いておらず）一切知らないと言う。

澤登　誰が信じるものか！　朝日新聞に情報を流した守秘義務違反を追及すると強気のコメントをしていたが、その後どうなったのか、説明責任を果たしてもらいたい。

六、公明党の署名活動が必ず実現する呆れたカラクリ

有川　公明党地方議員のお家芸といわれる、署名活動についてお話したいと思います。

澤登　公明党の国会議員数は、衆院議員が三十二名、参院議員が二十七名の合計五十九名です。そして、都道府県会議員と市町村議会議員の合計は二九四一名で、自民の三二七五名に次いで二位です。

ただ、市町村議会議員の合計は二七三五名で全政党中一位なのです。その原因が署名活動にあるということですね。

有川　地方議会に於いては、年に四回ある定例本議会中に、首長から提出された議案の審査の他に、住民が署名を添えて議会に提出した陳情・請願書の審査も行われます。

澤登　陳情と請願の違いは何ですか。

有川　請願には紹介議員の署名が必要ですが、陳情の場合は住民の代表の署名だけでいいのです。委員会で審査の結果、採択されますと、行政側に陳情の主旨に応える努力義務が発生します。

地域住民が要望している内容であれば、普段付き合いのない人であっても、多くの住民がその趣旨に賛同し、署名に協力してくれます。

公明党議員は日常的に担当するエリアに張り付いて、学会員の要望を聞いて回ることが多いので、要望の中で、これは、と言う意見に出会った時には、請願・陳情文を書いてあげ、署名活動は学会員の党員にお願いすることが通常のスタイルでした。

そこで大事なことは、請願・陳情の内容が実現不可能なものであれば、不採択にされたり、結論が得られず流されてしまうことになるので、公明党は後出しジャンケンのような汚い裏技を使うのです。

公明党が政権与党入りして間もない時のこと。南元町の党本部で、十二月の初め頃だったと思いますが、全国の政策担当者会が行われたことがありました。

その会のメインテーマは、次年度の国家予算を担当する財務省役人の話を聞くことでした。その担当者は冒頭、「これは決定したものではありませんが」と前置きした後、来年度の新規予算（案）について説明したのです。

澤登　なるほど、政権与党入りすると、そういう美味しい会合が非公式にもてるわけですね。

有川　私もかつてなかった会合なので新鮮な感じになりました。その中で厚生労働省の来年度予算に話が及んだ時に、児童手当の月額支給額の増額についての説明がありました。市区町村の議員にとっては、ビッグニュースでした。

このニュースは、毎月学会の池田文化会館で行われていた地元の副会長と、党の議員だけの会合で、勤行唱題が終わった後に、池田大作の「小説　人間革命」を輪読、その後、党側から前述の会合の内容が報告されました。すると座長の副会長から、署名活動をうながされ、区議会に陳情書を提出することになったのです。さらに、国の予算が通ったら、すぐチラシをまくことも了承されました。

澤登　公明党がやりました！と署名してくれた人たちに宣伝したわけですね。子を持つ親御さんには喜ばれたでしょうね。

有川　もちろんです。この陳情は必ず実現することが分かっているわけですから、こんな効率の良いカラクリはありません。次年度の新規予算は、野党の国会議員よりも早く知り、その情報が学会に即座に伝わる。そして、学会と党が連携して署名活動を行い、議会に陳情書を提出して成果を上げる。こうした芸当は、ボヤっとしている自民党議員にはできません。かくして、自民支持者が学会・公明党に喰われていくのです。

七、誰も知らない安倍総理誕生の秘話

澤登　有川さんの著書「アイ・アム・ブッダ」（風詠社）の中に、実は、安倍総理を誕生させた影の立役者は、公明党の衆院議員だった福岡康夫氏であると、大変貴重な秘話を明かしているのを読んだことがあるのですが、詳しく話してくれませんか。

有川　わかりました。

澤登　最初に、福岡康夫氏とはどのような人物だったのか、そして有川さんとの関係などからお願いします。

有川　福岡さんは安倍元総理の地元である山口県下関市出身の方で、かねがね、選挙の時は安倍氏を応援し、将来は父・安倍晋太郎が果たせなかった総理大臣になることを期待していた人物です。もちろん、福岡氏は創価学会員ではありません。

愛媛大学を中退後、上京し、人事院が実施する国家公務員採用試験に合格し、公正取引委員会に勤務、団体課長の経歴を持つ方です。

丁度その頃、私は公明党機関支局で党の月刊理論誌「公明」の編集主任の仕事をしておりました。

ある時、三木忠雄参院議員から電話があり、参院予算委員会で三木総理を相手に、独禁法改正問題の質問をすることになった、ついては、公取の福岡団体課長が詳しいので、インタビューをしてまとめ、その内容を、「公明」編集部の記事として掲載してほしいとの依頼があったのです。それが、私が福岡さんと知り合いになったキッカケでした。

会ってみると、吉田松陰の辞世の言葉「仁無ければ人に非ず」を座右の銘にしている人らしく、人懐っこい大人で気配りの優れた人でしたね。

澤登　学会員でない福岡氏がどうして公明党の国会議員になれたのですか。

有川　政教分離の姿を世間に示すために、一時期、外部の識者を取り込んだのです。その件で、福岡さんからある相談を受けました。

その内容は、三木先生から、第三十七回衆院議員総選挙（１９８３年12月18日投票）で公明党の公認候補として、広島一区から出馬してほしいので準備してほしいとの依頼があったとのこと。そこで上司の橋口公取委員長に相談した結果、「それは良い話ではないか」と言われ、公取広島事務所の課長へ人事異動をしてもらったというのです。

ところが、解散日が決まったのに、党公認の発表がないので、三木さんに再三問い合わせしたのですが、竹入委員長の決済がおりないので三木さんも困っているとのこと。
この話を聞いた私は、即座に池田会長に報告書を書き、「外部の人にその気にならせて、人事移動までしていただいているのに、こんなことでいいのでしょうか」と学会本部の第一庶務に届けました。その結果、二、三日して党公認の発表があったのです。選挙の結果はトップ当選でした。その後、衆参の選挙に敗れ、昭和五十八年（１９８３）から平成七年（１９９５）まで、広島県議を十二年間務めました。

澤登　お二人の関係はよくわかりました。福岡氏は有川さんに恩義を感じていたと思いますね。次に、安倍総理誕生の秘話について教えてください。

有川　２００５年頃のことだったと思います。再び「相談したいことがあるけ、ゆっくり温泉にでも浸かって聞いてもらいたい話があるんじゃけど」とのこと。広島市の山間に佇む湯本温泉旅館で会いました。

その夜、彼が語った話の内容は、安倍晋三に総理になってもらいたいと長年思ってきたということ、しかも、安定した長期政権の維持の為には、公明党の協力が不可欠と思ってきたのだが、晋三は自民党内に結成された反創価学会グループ・「四月会」の事務局長を務めていて、これでは無理だと思い、晋三に会ったときに、およそ十年前のある話を伝えたという。

彼が語った「その話」を再現すると次のようになる。

「私が広島一区の衆院選で当選してから二年ほど経ったある日、広島二区で当選した自民党の中川秀直（後の幹事長）さんから、たまには一緒に昼飯でも食べませんか、と誘われ、指定された料理店に行ったところ、なんと、広島三区選出の亀井静香先生がいたのでビックリしました。

三人で雑談を交わしていたところ、今度は警護人を数名従えた安倍晋太郎外務大臣が足早にただ一人部屋に入ってこられたので、二度ビックリでした。

すると、テーブルの真ん中に座った安倍晋太郎氏が即座に口を開き、『亀井君！ 今日は公明党の福岡先生がおられるが、これはどういうわけなんだ』と詰問したのです。これに対し亀井さんは『会長（清和会）にはぜひとも次期総理になってもらいたいと思っている。その為には、清和会をもっと大きくしなければなりません。そこで今日は、公明党の福岡先生に来ていただき、次の総選挙では、自民党から出てもらいたいと思っているので……お誘いしたのです』と。

すると、温厚な安倍氏の表情が急に険しくなり『亀井君、君は何を考えているんだ！』と一喝し、湯飲み茶わんをテーブルで叩き割った。異常な物音に危険を感じたのか、廊下で待機していた警護人が大臣に何事が起きたのかと心配して駆けつけてきました。それに対し安倍氏は『お前らあっちに行ってろ！』と制止した後、次のようなことを話しました。『私は創価学会の池田会長が書かれた「小説　人間革命」を読んでいる。その中には、萩における学会草創期の布教活動のことが詳しく書いてあった。池田氏は直接指揮を執り、わずかしかいなかった会員を育成し、今日のような大組織の土台を作った。亀井君、これからの時代は、自民党単独政権の維持は難しくなる。したがって、庶民に根差した公明党と連携していくことが大事だと思っているのだ。それなのに君は公明党の福岡先生を自民党に引っこ抜こうとするなんて、とんでもないことだ。君はいつからそんなに偉くなったのか』と。

この時以来、自民党の中には、清和会を核として自公連立政権への流れが出来たように思われる。後日、この日あった一部始終を晋三に伝えたところ、彼は父の思いを理解したのか、四月会の事務局長を辞任し、学会にお詫びしたいと言ってきました。」（要約）

この話を聞いた私は、福岡氏に対しこれからでもいいから、今の話と安倍晋三氏が学会に謝罪したいと思っていることを手紙に書いて、学会の第一庶務の長谷川室長（現理事長）宛てに報告した方がいいと進めたのです。

澤登　しかし、凄い話ですね。

有川　ところが、福岡氏は、「わしは書くのが苦手じゃけん」と、私に書いてほしいというのです。結局、私が福岡氏になりすまし手紙文を書き、それを福岡氏が清書して投函しました。私の読みは的中しました。福岡さんは即刻、長谷川氏に呼ばれ、こんな大事なことをなぜすぐ報告しなかったのか、とこっぴどく怒られたとのこと。

澤登　確かに、安倍家と創価学会とは深い関係がありましたからね。

昭和三十三年（１９５８）三月十六日、戸田第二代会長は男女青年部六千人を日蓮正宗総本山に集め、法華経流布を後継の青年たちにバトンタッチするための重要な儀式を行いました。

この会合には、戸田会長が親交のあった岸信介総理（当時）の参加を取り付けていましたが、総理側近から横やりが入り、本人は欠席し、娘婿の安倍晋太郎外務大臣が代理出席、安倍家は福運を積んだとの話しが流れましたね。そんなわけで長谷川理事長は、安倍家に関する情報の遅れは許せないと思ったのでしょう。

しかし、その手紙は有川さんが書いたとも知らずに読んだ池田会長は、気を良くしたのではないかと思います。

有川　その後、日経・毎日・朝日・読売・週刊文春などは、平成十八年（２００６）九月二十二日に首相就任直前の安倍晋三氏が、都内の創価学会施設で、池田会長と極秘会談を持ったと報じました。その際、安倍は、父との生前の付き合いについて感謝の意を表し、同時に、参院選での公明党や学会の協力を要請し、池田会長は協力を約束した、とも報道されました。

澤登　池田は有川さんの打つ手に、次々と応えてくれたわけですね。

有川　私の言うことを聞いて、戒壇の御本尊に復帰・帰命すれば言うこと無しなんですがね。

第五部

真夏の夜の夢

――果たして正夢となるのか

有川　令和五年八月七日、八十歳の誕生日を迎えた私は、大田区内のレッドロブスター上池台店で、家族にお祝いをしてもらいました。その夜、不思議な夢を見たのです。
澤登　真夏の夜の夢ですか。ぜひお聞かせください。
有川　あれから数か月経ちましたが、今でもはっきり覚えていますので再現してみますね。

最高幹部六人の秘密会議

H（会長）　本日は、かねてより検討してまいりました最重要テーマにつきまして、結論を出したいと思いますのでよろしくお願い致します。始めに教学室顧問のMさんより、前回までの議論を踏まえた私の結論を話して頂きたいと思います。
M　はい。テーマは二つありました。一つは、会主のXデーの公表をいつにするか、という問題と、同じく、会主の出世の本懐となる、直筆の大本尊の公表をいつにするか、という問題でありました。
Ⓗ　ちょっと待ってください。会主はまだ亡くなったわけではないのですよ。それなのに、Xデーをいつにするかなんて、とんでもない事ではありませんか。
A　君は会主が今、どういうお体の状態にあるのか分かっているのか。

Ⓗ　いや、わかりません。御子息に聞いているだけですが。お元気ですと。

A　それじゃ話にならない。実は私も君と同じで、本当のことを知っているのは、御子息と会長だけなんだ。二人の口は堅く、聞いても「先生はお元気です」の一点張り。しかし、今日の会議では、私は会長から真実を知らせてほしいと思います。

T　私も同じです。会主はどんなにお元気だと言っても、年が明ければ九十六歳ですからね。その時になって慌てるのではなく、今の内に結論を出し、万全の準備をしておくべきだと思います。

M　実は、事前にⒽ会長の結論を伺っておりますので、私から会長のご提案を述べさせて頂きたいと思います。会長、よろしいでしょうか。

Ⓗ　結構です。

会主のXデー発表と会主の直筆本尊公表の時期について

M　実は、公彩党の浜六津好子さんの時は、様々な事情がありまして、結果的にはご遺族の意志ということで、先日、二年前に死亡していたことを党が公にしました。

今日のテーマである会主の逝去された日時の公表時期は、年内にもあると予想されている衆議院の解散総選挙、中でも絶対に負けられない、日本維新の会との大阪・兵庫の戦いに大きな影響を与えることを考えますと、会主には元気で全国の会員を激励して頂く必要があります。

また、会主は、世界中の政治家や大学の著名人と交流があって、一流大学の名誉教授の称号や各国から四百を超える勲章を受章されたことを考えますと、会主の葬儀・お別れ会は、世界中の要人を招いて、会主の偉大さを内外に示す絶好の機会にしなければならないと思います。

そう考えますと、式場は五千人の収容が可能で、２０２６年秋に完成する、関西の大拠点となる、会主記念の大講堂が最適であると考えました。

それからもう一つ。会主は未だ御自身の出世の本懐を遂げておりません。宗門とは決別し、我が教団は「魂の独立」を果たすことができました。残る最大の課題は、いよいよ、会主の出世の本懐となる、会主直筆の大本尊を認《したた》め戴き、それを当教団が認定した大本尊であることを内外に宣言することであると思うのです。

会員が独立した我が教団認定の本尊を拝むことは自由です。いわんや、会主直筆の本尊を拝みたいという人は、昔から大勢いました。中には一千万円払っても戴きたいという人もいました。そして、その大本尊についてですが、実は既に、今すぐにでも公表できる状態にあると思ってください。

A・Ⓗ・T・Y（一同） エッ!! 本当ですか。

M その大本尊は、会主の豪快な筆跡の特徴をコンピューターに認識させ、これを修正して、誰もが惚れ惚れするような立派な本尊に仕上げております。先日も過去に書かれた会主の横四文字の筆字を加工し、機関紙に掲載しましたが、天地・左右・文字間隔が見事にそろっており、筆跡もいつもと違ってうますぎることに気が付きませんでしたか。大本尊は、時期をみて商標登録する考えでおります。

問題はいつ公表するのか時期の問題です。これについては、会主は、御自分が死亡した後に発表するように、と早くから遺言書に明記されているのです。

そこで会長の結論は、

一、会主の逝去された日時の発表は、「会主記念大講堂」が完成する２０２６年秋以降に行う。

二、会主の出世の本懐たる直筆の大本尊の公表についても、記念大講堂が完成した暁に発表する。

ということでした。

Ⓗ 只今、司会のMさんから私の結論を話してもらいました。果してそれでよいのか自

問自答してまいりましたが、会主の逝去された日時の公表は、ご家族の要望もあり、本年中と決断しました。そして、会主直筆の本尊は関西記念大講堂完成と同時に発表し、常勝関西のシンボルとしてそこに御安置し、それ以降は順次邪宗門の猊下の本尊は、すべて一掃致します。

Ｙ　いいですね。これで本尊問題は独立した教団として整合性がとれてスッキリします。また、死亡日は口の堅い担当医師が証明することですから、法的にはなんら問題はないと思います。

Ⓗ　残余の問題はすべて師弟不二の弔い合戦と銘打って勝利しましょう。それではこれでよろしいでしょうか。

（全員了承）

その時、教団本部に直下型地震が起こり、秘密会議のメンバー六人だけが地獄に落ちた。そこで、私が蜘蛛の糸を垂らして救おうとしたのですが、黒光りする巨大なレッドロブスターが現れ、右の鋏で糸を斬ったところで目が覚めたのです。

澤登　これは面白い！　有川さんが普段、不信の念を抱いていたことを夢に見たのですね。

有川　そう。正夢になるのかどうか。提婆達多にもなれない小心者かもしれない。

エピローグ

創価学会の池田大作氏は自身の著書「立正安国論講義」において「公明党とは即、創価学会の異名であり、一体不二の関係にある」と断言している。

今日、公明党は政権与党入りし、大臣・副大臣・政務官といった日本政府の要職に就き行政の指揮を執っている。池田氏の発言によれば、公明党とは創価学会の異名であるから、実質的に創価学会が大臣等の政府の要職に就いて行政の指揮を執っていることになる。

特に大臣ともなれば国家機密事項を知り得る立場にあるから、それが民間の一宗教団体である創価学会に筒抜けになるわけである。果たしてこれでいいのか。今日、旧統一教会と自民党議員の癒着が糾弾されているが、旧統一教会は教団幹部を国会議員に送り込んで直接行政の指揮を執らせるようなことはしていない。

公明党の議員は上から市町村議会の議員に至るまで、皆、学会の幹部から選ばれ、議員在職中は学会活動を中止するも、裏では親密な連携を取り合い、退職後はまた、学会幹部の要職に就いて組織活動をしている。私の身近な例では、市川雄一党国対委員長は、地元・川崎市創価学会の最高幹部に属す総主事に就任していた。また、私の地元で都議会の副議長を務めた藤井一氏は、大田創価学会のナンバー2の役職について一生懸命、学会活動を行っている。

こうした実態に疑問を抱く識者が最近ようやく現れた。元内閣総理大臣補佐官で現在、帝京大学の柿崎明二教授だ。

同氏は、政治と宗教の問題で、最大にして最後のタブーはまだ触れられていない、とし、公の政権運営に多大な影響を及ぼしながら、**公明党という緩衝材のおかげで**自民との関係性は表に見えてこなかったが、岸田政権の生殺与奪権を握る「最強集票組織」が創価学会の正体だ、と。そして、**自公ではなく「自創」が連立政権の核心**であることを知り得る者は永田町にも数少ない、と嘆いている。

本文でも指摘したが、かつて細川非自民連立政権樹立を推進した元参院議員の平野貞夫氏に対し、中曽根内閣で官房長官を務めた後藤田正晴氏は次のような説教をしたという。

「君たちが創価学会を母体とする公明党を政権に入れたのは、日本政治の禁じ手だ」と。

真に的を射た鋭い警告ではないか。後藤田氏は、創価学会を母体とする公明党を政権に入れることは、政教分離の原則をうたった日本国憲法に抵触することを危惧したからではなかろうか。

悪法の「一凶禁断」――これは末法の御本仏・日蓮大聖人の師子吼である。これこそが、末法万年にわたって、三災七難を止め、人々の身の安全を守る要諦であるからだ。

であるならば、常にその時代における一凶は何かを見定め、禁断の活動をして行くことが真の弟子の道である。

漸くにして本書の出版で私は今、その使命を果たすことができたものと安堵感に満たされている。

一方、同じく日蓮門下を自称する、わが国最大の宗教団体・創価学会は、この大聖人の一凶禁断の教えを、今、どう捉え、会員を指導しているのであろうか、聞いてみたいものである。

日蓮大聖人の本当の教えから外れ、異流義となった教団が次に辿る道は、必ず自前の本尊をつくるというのが相場である。事実、過去にもそういう人物は存在した。

特に学会の場合、〝邪宗門〟と批判し、かつ、自分たちを破門した日蓮正宗の猊下が顕わした本尊を拝んでいるというのだから、自語相違も甚だしい。恥ずかしくは無いのか。

そうしたことを考えると、本書の第五部で私が見た真夏の夜の夢は、図星をついているかもしれない。

本年九月、私は親しい友人と、日蓮正宗総本山富士大石寺の宗祖日蓮大聖人御生誕八百年慶祝記念総登山に参加した。

この日は晴天に恵まれ、透き通るような青空に、霊峰富士がくっきりと雄姿を見せてくれた。豚汁定食を食べた後、奉安堂に安置された本門戒壇の大御本尊にお目通りし、日如猊下の凛としたお声に合わせ、一心欲見仏の題目を唱えると涙が止まらなかった。この幸せ感を縁ある方々に、ぜひとも体験して頂きたいと願っている。(完)

※昨年十一月十八日、本書の初稿ゲラに手を入れていた時に、池田大作氏が十五日の夜に新宿区の居宅で老衰のために亡くなったとのニュースが流れた。「真夏の夜の夢」の一つは正夢となった。謹んでご冥福をお祈り致します。

有川靖夫（ありかわ・やすお）
昭和18年（1943）8月品川区生まれ。山形県立東高校・国立山形大学教育学部卒。小学3年に日本商工会議所主催の珠算検定試験1級合格、「珠算の天才」とローカル紙が報道。上京して公明党本部勤務。経理部、業務部、公明月報、政策部、書記局、民労事務局、月刊誌「現代政治」「理論誌公明」編集主任。公明新聞記者。青年局次長。昭和51年（1976）市川雄一元公明党書記長の初代公設第一秘書。昭和58年（1983）東京大田区議に初当選、以後6期連続当選、この間、党幹事長、副議長2回、監査委員、全常任・特別委の委員長を経験。日朝議連会長を8年務める。海外31都市、国内はほぼ全県視察。議員退職後はマンション管理会社社長、エレベーター法定検査会社顧問。創価学会時代は池田会長の御義口伝講義受講者1・5期生。公明党正規軍・草の根会員としても池田氏の薫陶を受ける。学生部初代東北書記長。全国副学生部長、男子部参謀、神崎武法元公明党代表と共に、全国最年少創価学会理事に就任。三重県次長。現在は日蓮正宗の信徒。ノンフィクション作家。主な著書に「官僚たちの聖域」（学陽書房）、「小説農産物輸入」（講談社）、「検証　羽田空港」（早稲田出版）、「腐敗公社」（早稲田出版）、「消えた信金」（一穂社）「国家の偽装」（講談社）、「アイ・アム・ブッダ」（風詠社）、他。
なお、本書に関するご意見ご質問はyasosan-a@live.jpまでお送りください。

『一凶禁断』の師子吼　創価・公明のペルソナを剥ぐ

澤登清志（さわのぼり・きよし）
コラム研究家。昭和20年3月山梨生まれ。甲府一高を経て明治大学商学部卒。
昭和36年創価学会に入会、学生部常任幹事、教学部教授、登山会輸送班員。元建設会社役員。現在は日蓮正宗の信徒。

「一凶禁断」の師子吼　創価・公明のペルソナを剥ぐ

2024年2月16日　第1刷発行

著　者　　有川靖夫

発行人　　大杉　剛
発行所　　株式会社 風詠社
〒553-0001　大阪市福島区海老江5-2-2 大拓ビル5-7階
TEL 06（6136）8657　https://fueisha.com/
発売元　　株式会社 星雲社（共同出版社・流通責任出版社）
〒112-0005　東京都文京区水道1-3-30
TEL 03（3868）3275

ISBN978-4-434-33391-0 C0014